江苏省教育科学“十三五”规划重点资助

琚四化 主编

基础盲文

南京大学出版社

图书在版编目(CIP)数据

基础盲文 / 据四化主编. —南京：南京大学出版社，2020.6(2025.2 重印)

ISBN 978-7-305-23435-4

Ⅰ. ①基… Ⅱ. ①据… Ⅲ. ①盲文 Ⅳ. ①H026.2

中国版本图书馆 CIP 数据核字(2020)第 099517 号

出版发行 南京大学出版社
社　　址 南京市汉口路 22 号　　　邮　　编 210093

书　　名 基础盲文
JICHU MANGWEN
主　　编 据四化
责任编辑 丁　群　吴　汀　　　编辑热线 025-83597482

照　　排 南京开卷文化传媒有限公司
印　　刷 南京人民印刷厂有限责任公司
开　　本 880mm×1230mm　1/32　印张 4.125　字数 89 千
版　　次 2020 年 6 月第 1 版　2025 年 2 月第 5 次印刷
ISBN 978-7-305-23435-4
定　　价 29.80 元

网　　址：http://www.njupco.com
官方微博：http://weibo.com/njupco
微信服务号：NJUyuexue
销售咨询热线：(025)83594756

FOREWORD 前言

掌握和应用盲文是特殊教育教师必备的专业能力之一。当前，盲文已经成为国内特殊教育师资培养过程中的必修内容，但可供选用的教材非常有限。近年来，随着研究的深入和技术的进步，有关盲文的研究成果日渐丰富，一些先进的盲文读写工具及技术也开始广泛地应用于盲人教育活动。这都有必要纳入盲文教材中，作为特殊教育教师职前教育和职后培训的内容。同时，也必须承认，盲文的内容繁多而复杂，在有限的教学时间里，学习者所能掌握的知识、技能是有限的。事实上，针对当前的特殊教育实践，也没有必要让所有的特殊教育师范生和教师花大量的时间去掌握太多的盲文知识和技能。

基于上述情况，我们编写了《基础盲文》这本教材。在教材编写过程中，我们尽量将国内外盲文研究领域的新成果和新技术纳入其中，让学习者能够与时俱进，及时接触前沿的知识和技术。同时，精选对所有特殊教育师范生的职业生涯发展必备的盲文基础知识和基本技能，力图在有限的教学时间内，为所有学习者的长远发展打下良好基础。

作为教材，本书主要针对特殊教育专业的师范生，也可以作为特殊教育学校教师和融合教育教师职后培训用书。受限于编者的能力和信息来源，本书难免有一些谬误和不足，敬请广大读者不吝赐教，以便完善！

编　者

2020 年 3 月 6 日

CONTENTS 目 录

第一章 绪　论

本章教学目标

- 记忆和理解盲文、点位、方等概念，掌握布莱尔点字的基本结构。
- 了解盲文的起源与发展过程。
- 了解路易·布莱尔的生平以及创造盲文的过程。
- 了解汉语盲文的产生与发展过程。

第一节　盲文概述

一、盲文的含义

盲文是盲人通过手部的触摸进行阅读和书写的一种文字形式。当前，绝大多数国家（包括我国）使用的盲文，都是由凸起的圆点构成，因而盲文又被称为点字。

对盲文的理解，要抓住以下三点：

第一，盲文是一种依赖触摸觉的文字形式。通常，明眼人所使用的文字都是视觉文字，即依赖于视觉感知的文字，而盲文作为盲人使用的文字形式，只能依赖于触觉。一些盲人（低视力者）也可以在特定情境下使用明眼人的视觉文字，如电脑、手机上使用放大的明眼文字，但这都不属于盲文的范畴。

第二，盲文只是一种文字的特殊书写形式。一种独立的文字通常包括“音、形、义”三个要素，即读音、书写形式和表达的意义。盲文与明眼人所使用的普通文字在读音和表达的意义上并无差异，但书写形式存在较大差异。普通文字是平面的线条文字，但盲文是突起的点状文字；普通文字是视觉文字，通过视觉来识别，但盲文是触觉文字，通过手的触摸来识别。从文字的三个构成要素上看，盲文并不完全具备一种文字独特的要素构成。因此，盲文并不是一种独立和完整的文字体系，只是依附于一种文字而产生的特殊的书写形式。也正因为如此，当前世界各国的点字盲文在形式上都是非常相似的，但是并不通用。

第三，盲文是专供盲人阅读和书写的文字形式。由于盲人无法直接使用普通的明眼文字进行阅读和书写，盲文因盲人的这种需要而产生。当前的点字盲文与明眼人所使用的普通文字存在很大差异，明眼人如果不经过相应的学习，是无法理解和应用的。因此，盲文只是一种专供盲人及与盲人相关的专业人员阅读和书写的文字形式。明眼人在生活中应用盲文的机会非常少。当然，近年来，随着社会的进步，“无障碍”和“通用设计”理念逐步落实，明眼人在生活中见到盲文的机会也日渐增加，如电梯的按键、商品的包装和台阶扶手。

二、学习盲文的意义

通过"基础盲文"课程的学习，学习者能够掌握盲文的基础知识，并能完成基本的盲文阅读和书写工作。这在当前的特殊教育工作中具有重要的意义。

1. 学习盲文是特殊教育教师专业标准的要求

特殊教育教师的专业标准是国家对合格特殊教育教师的基本专业要求，是特殊教育教师实施教育教学行为的基本规范，是引领特殊教育教师专业发展的基本准则，是特殊教育教师培养、准入、培训、考核等工作的重要依据。2015 年教育部印发的《特殊教育教师专业标准(试行)》要求，特殊教育教师要能够正确使用国家推行的盲文进行教学。2021 年教育部印发的《特殊教育专业师范生教师职业能力标准(试行)》要求，特殊教育专业师范生要掌握国家通用盲文。因此，特殊教育教师必须学习和掌握盲文阅读和书写技能。同时，有志于未来从事特殊教育工作的人，依据特殊教育教师专业标准的要求，也必须学习和掌握盲文阅读和书写技能。

2. 学习盲文是从事盲人教育活动的必备专业技能

盲文是盲人教育活动中主要的信息载体。盲人学习的知识、技能主要是通过盲文进行传递。盲人教育活动中的教科书、课外书、作业以及考试中的试卷等，基本上都是以盲文来呈现。因此，从事盲人教育活动的专业人员(如教师、教材制作人员)必须学习和掌握盲文，才能顺利完成盲人教育活动。当前，伴随有视力残疾的多重残疾学生增多，也有越来越多的盲人进入从幼儿园到大学的各级普通学校随班就读，这些学生的教育活动都可能涉及盲文。参与这些学生教育活动的教师，不论是普校教师还是特殊教育教师，如果能够掌握盲文，那么对这些学生的教育活动也会更有信心和更为积极。同时，教师的盲文技能水平和对盲文的态度也会影响学生的盲文学习和使用。[①]

3. 学习盲文是深入理解盲人及盲人教育的有效途径

对盲人的阅读和书写活动缺乏了解的人，通常会对盲人和盲人教育存在误解，例如，盲人不能看书、不能写字，怎么能上学？这些误解会影响他们对盲人和盲人教育的态度，如对盲人接受教育持消极态度或对盲人发展持较低的期望。通过学习盲文，人们可以更为深入和准确地认识盲人和盲人教育，并对其形成较为合理的态度。

三、盲文的产生和发展

有研究发现，在2000多年前的夏、商、周时期，我国出现了最早的盲人教育活动[②]。公元5世纪，西方也产生了早期的盲人教育活动[③]。尽管东西方盲人教育活动产生的时间都

① Amato S. Challenges and Solutions in Teaching Braille in an Online-Education Model [J]. Journal of Visual Impairment & Blindness, 2009(2):78－80.

② 郭卫东.中国近代特殊教育史研究[M].北京：高等教育出版社，2012:8.

③ 张福娟，马红英，杜晓新.特殊教育史[M].上海：华东师范大学出版社，2000:14.

较早，但盲人可以直接使用的盲文到16世纪才出现。在此期间，盲人教育活动基本上都是采用口耳相传的方式进行，并没有专门供盲人使用的文字。

最早的可供盲人摸读的文字是1517年由西班牙人费兰西斯格·路克斯(Fraecesco Lucas)发明的雕刻在木板上的字母。此后，1651年，赫德福尔(Harsdorffer)在德国创造了盲人可用铁笔在蜡板上书写的方法。几乎同时，柏偌利(Bernouilli)在瑞士发明了可导引铅笔在纸上写字用的“型板”(frame)①。18世纪，法国的盲教育家霍维(Valentin Haüy)用大头针在针垫上插成不同的字母和图形，让盲童去触摸和识别②。除此之外，这一时期还出现了用厚纸刻成字母或压出字母，用较大的铅字字母等方式来让盲人摸读。这些都是将普通字母原样凸起，形成类似浮雕的样式供盲人使用。因此，这一阶段的文字可以称为浮雕字母盲文或浮雕盲文(见图1-1)。浮雕盲文是最早的盲人可以摸读甚至书写的盲文。

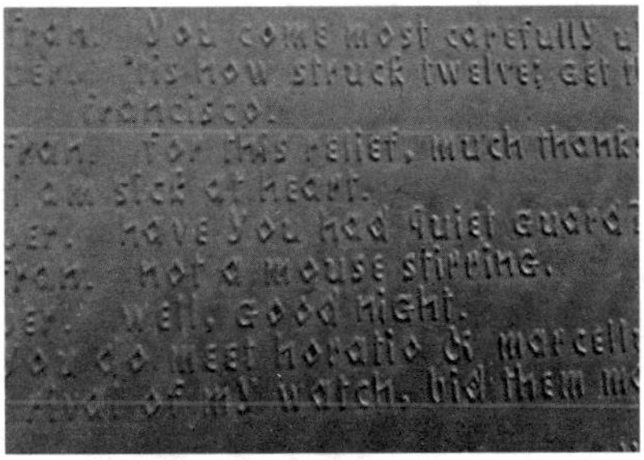

图1-1 浮雕盲文

浮雕盲文将普通文字原样凸起供盲人摸读，这初步解决了

---

① 郭卫东.中国近代特殊教育史研究[M].北京：高等教育出版社，2012：435.

② 张福娟，马红英，杜晓新.特殊教育史[M].上海：华东师范大学出版社，2000：69.

长期以来盲人没有文字可以直接使用的难题。同时，对明眼人而言，浮雕盲文无须额外学习也能识读，这就使明眼人和盲人之间的文字交流不存在障碍，促进了盲人教育活动的实施。但明眼人所用的普通文字本质上是一种视觉文字，文字的线条和结构都较为复杂，原样凸起后，并不容易触摸识别，更难以书写。为解决这些问题，出现了一种对浮雕盲文进行改良的盲文。19 世纪中期，英国盲人威廉·穆恩（William Moon）创造了被称为“穆恩体”或“月”型盲文（Moon type）（见表 1－1）。与浮雕盲文相比，穆恩体盲文简化了拉丁字母的轮廓，以最简单的线条形式来表示字母甚至常用词语，然后将简化后的线条凸起供盲人摸读和书写，这可以说是一种简化的浮雕盲文。在 19 世纪下半叶到 20 世纪初，穆恩体盲文被改造成多种语言，包括汉语、日语。① 这种盲文的缺陷一是没有根本改变普通文字凸起化的弱点，二是同样没能解决书写问题。

表 1－1　穆恩体盲文符号对应的盲文

符号	盲文	符号	盲文	符号	盲文
A		D		G	
B		E		H	
C		F		I	

① Sakula Alex. That the Blind May Read: The Legacy of Valentin Haug Charles Barbier, Louis Braille and William Moon [J]. Journal of Medical Biography, 1998(1):21－27.

续 表

符号	盲文	符号	盲文	符号	盲文
J		S		the	
K		T		:	
L		U		'	
M		V		!	
N		W		,	
O		X		‘	
P		Y		?	
Q		Z		.	
R		and		’	

最具有实用价值的盲文就是19世纪早期出现的点字盲文。19世纪20年代，法国盲人路易·布莱尔(Louis Braille)在“夜文”的基础上，制作出以简单的凸点代表拉丁字母的

盲文体系。全世界盲人共同使用的盲文才正式诞生。19世纪中期,美国还有类似于布莱尔盲文的美国盲文(American braille),纽约盲人学校的威廉·贝尔·威特(William Bell Wait)编制的二点高、一到四点宽的纽约点字(New York Point)①。与浮雕盲文相比,点字盲文放弃了明眼文字中的线条,用凸点的数量与位置构成了其书写形式变量,并与普通文字中的特定要素对应,进而构成盲文。这种构成方式使点字盲文与普通文字以及浮雕盲文已有非常大的差异,不再具有对明眼人的通用性了。但点字盲文非常适合盲人的摸读,且具有书写便利性。因此,点字盲文从法国逐渐传播到世界其他国家,并逐渐取代了浮雕盲文,沿用至今。

第二节　布莱尔盲文体系

当前,世界上普遍使用的点字盲文都是直接或间接参照布莱尔盲文体系编制的。因此,布莱尔及其盲文体系对世界盲文的发展产生了深远的影响。

---

① D'Andrea F M. A History of Instructional Methods in Uncontracted and Contracted Braille[J]. Journal of Visual Impairment & Blindness, 2009(10):585-594.

一、布莱尔生平简介

布莱尔全名为路易·布莱尔(Louis Braille),是法国的一位盲人教师。布莱尔于1809年1月4日出生在法国巴黎以东约二十英里的一个名为古普伯雷(Coupvray)的小镇。他的父亲经营一家制作皮革和金属配件的工场。布莱尔能走路后,就经常在父亲的车间里玩耍。在布莱尔三岁的时候,有一天他和其他一些孩子正在玩一些工具,试图用一个锥子在一块皮革上打孔。当布莱尔在皮革上打孔时,锥子从皮革坚硬的表面弹起,刺伤了他的一只眼睛。在当时的医疗条件下,受伤的眼睛并没有被治好。几个月后,由于感染,另一只眼睛也出现了视力障碍。五岁时,布莱尔双目失明了。

1816年,布莱尔到镇里的小学上学。虽然眼睛失明,但布莱尔天资聪明,勤奋好学。十岁时,布莱尔进入巴黎皇家盲人青年学校就读。在巴黎盲校,布莱尔成绩优异。毕业后,布莱尔在巴黎盲校留校任教。他先是担任教师的助手,后来作为全职教师。在布莱尔的任教生涯中,他大部分时间在教授历史、几何学和代数。除此之外,布莱尔也是一位优秀的大提琴演奏家和风琴手,曾在法国的很多教堂里演奏过风琴,甚至担任过教堂里的风琴手的职务。

在19世纪早期,法国陆军军官查理·巴比埃(Charles Barbier)创造了一套密码系统“夜文”(night writing,也叫“写声法”),用于军队在夜晚无声无光的情况下传递信息。“夜文"系统使用一个六行六列的表格，表格中不同位置的一格代表法语中一个常用的字母或字母组合。书写时，使用二列、每列最多6个凸点的结构来示意原表格中特定位置的格，第一列凸点的数量表示原表格中的行，第二列凸点的数量表示原表格中的列，如第一列5个点，第二列3个点，表示原表格中坐标位置为第五行、第三列的字母或字母组合（见表1-2）。然后再由多个字母或字母组合结合在一起构成法语发音，进而构成语句。尽管"夜文"系统因为士兵难以掌握而被军队拒绝，但在法国皇家科学院的建议下，巴比埃找到巴黎皇家盲人学校，将"夜文"介绍给盲人使用。

表1-2 "夜文"字母表

	1	2	3	4	5	6
1	●● a ○○ ○○ ○○ ○○ ○○	●● i ○● ○○ ○○ ○○ ○○	●● o ○● ○● ○○ ○○ ○○	●● u ○● ○● ○● ○○ ○○	●● é ○● ○● ○● ○● ○○	●● è ○● ○● ○● ○● ○●
2	●● an ●○ ○○ ○○ ○○ ○○	●● in ●● ○○ ○○ ○○ ○○	●● on ●● ○● ○○ ○○ ○○	●● un ●● ○● ○● ○○ ○○	●● eu ●● ○● ○● ○● ○○	●● ou ●● ○● ○● ○● ○●
3	●● be ●○ ●○ ○○ ○○ ○○	●● de ●● ●○ ○○ ○○ ○○	●● gue ●● ●● ○○ ○○ ○○	●● je ●● ●● ○● ○○ ○○	●● ve ●● ●● ○● ○● ○○	●● ze ●● ●● ○● ○● ○●

续 表

	1	2	3	4	5	6
4	●● pe ●○ ●○ ●○ ○○ ○○	●● te ●● ●○ ●○ ○○ ○○	●● que ●● ●● ●○ ○○ ○○	●● che ●● ●● ●● ○○ ○○	●● fe ●● ●● ●● ○● ○○	●● se ●● ●● ●● ○● ○●
5	●● le ●○ ●○ ●○ ●○ ○○	●● me ●● ●○ ●○ ●○ ○○	●● ne ●● ●● ●○ ●○ ○○	●● re ●● ●● ●● ●○ ○○	●● gn ●● ●● ●● ●● ○○	●● ll ●● ●● ●● ●● ○●
6	●● oi ●○ ●○ ●○ ●○ ●○	●● oin ●● ●○ ●○ ●○ ●○	●● ien ●● ●● ●○ ●○ ●○	●● ste ●● ●● ●● ●○ ●○	●● x ●● ●● ●● ●● ●○	●● ment ●● ●● ●● ●● ●●

由于当时的巴黎盲校使用的是浮雕盲文，加上“夜文”本身只表音不表正字，且凸点较多，盲人无法快速摸读和移动，因此“夜文”一开始并没有被巴黎盲校接受和使用。但在巴黎盲校上学的布莱尔接触到了“夜文”，作为一个盲人，他认为“夜文”比浮雕盲文更适合盲人。从 1821 年开始，布莱尔以“夜文”的基本结构和编制方法为基础，尝试编制更为适合盲人的凸点盲文。布莱尔将“夜文”中二列、每列最多 6 个凸点的结构简化为二列、每列最多 3 个凸点的结构。然后，用不同的二列凸点结构与法语字母进行一一对应，再由字母组合拼写单词以及语句。自此，适合盲人的点字盲文产生了，并在当时的巴黎盲校受到老师和学生们的欢迎，但并没有得到巴黎

盲校校方的认可。1852 年，布莱尔逝世。

1854 年，布莱尔编制的点字盲文最终被巴黎盲校接纳为正式的盲文，并开始向法语区和其他地区传播。1887 年，布莱尔盲文被国际上认定为盲人使用的正式文字形式。世界各国参照布莱尔的法语盲文体系，结合本国民族文字的特点，建立了适合本国本民族文字的点字盲文体系，如英语盲文符号、阿拉伯字母符号等。1895 年，人们将布莱尔的姓氏（Braille）作为全世界点字盲文的国际通用名称，以示永远纪念。

二、布莱尔盲文体系

世界各国在编制本国盲文体系时，都直接或间接参照了布莱尔的法语盲文体系，具体包括盲文点字的结构和盲文编制方法两方面。

1. 点字的结构

布莱尔的点字结构中，凸点分布为三行两列，呈长方形。每行最多 2 个点，每列最多 3 个点。凸点布满时，有 6 个点。6 个盲点所占据的这个长方形空间被称为“方”（cell）。中国盲文标准规定，每方左右宽 4 毫米，上下高 6 毫米，一方面积约 24 平方毫米。在一方中，每个点所占据的位置称为“点位”，共有 6 个点位。一方中的 6 个点位有固定的排序，左列自上而下分别为第 1、2、3 点，右列自上而下分别为第 4、5、6 点（见图 1－2）。

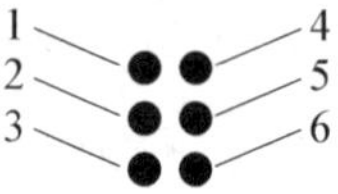

图 1－2
点位分布

2. 盲文编制方法

一方中，每个点位上存在有点和无点两种情况。六个点位，通过不同点位的两种情况的组合，可以形成 2^6(64)种不同的点字构成情况，如⠁、⠃、⠇等。在布莱尔盲文体系中，不同的点字构成情况与法语文字中的字母、缩写语、缩写词甚至语句一一对应，进而组合拼写以构成单词、语篇，这就是布莱尔所使用的法语盲文编制方法。此后，世界上其他语言的盲文也采用了布莱尔的盲文编制方法，将不同的点字构成情况与普通文字中的特定要素(如构成文字的字母或构成文字读音的音素)对应，进而构成特定文字的盲文形式，如英语盲文、汉语盲文。

第三节 汉语盲文的产生和发展

在世界范围内，汉语盲文出现得略晚。但实际应用于盲人教育实践的汉语盲文在产生之始，就采用了最为先进的点字盲文体系，因而汉语盲文一直与国际盲文发展的潮流保持同步。

一、早期的汉语盲文

有研究者提出，中国最早的有记载的汉语盲文是 18 世纪上半叶的常州盲人吕师(字夔典，1705—1756 年)发明的。据《吕氏宗谱》记载，吕师曾做出数十枚“方圆曲直、斜正短长、阔狭钝锐”的中空铁模具，然后用铁模具凿穿厚纸形成不同的形状，一些代表声母，一些代表韵母。一个声母加上一个韵母可以拼写出一个字。识读时，“两指摸之，即知何母何韵而得其字”①。吕师创造的这套盲文，用凸起的各种几何形状而非线条来呈现盲文，这不同于浮雕盲文和点字盲文，很有特色。同时，用声母和韵母两个符号来拼写一个字，也契合了现代汉语盲文的构成方式，显示出其对汉字的深入洞察力和高超的设计思想。遗憾的是，吕师发明的这套盲文未能广泛传播和流传下来，为以后汉字盲文的创制提供指导。

一百多年后，随着西方文化的输入，中国出现了最早的盲人学校，也产生了被实际应用于盲人教育活动的最早的汉语盲文。1874 年，苏格兰圣经公会的传教士威廉·穆瑞(William Hill Murray)在北京创立中国近代第一所盲人学校“瞽叟通文馆”(后改名为“启明瞽目院”)。穆瑞在其他传教士的帮助下，以布莱尔盲文体系的英语盲文为范例，按照《康熙字典》的音序编排出以北京话为基础的汉字盲文，共 408 个字音，叫作“康熙盲字”，英文为 The Murray Numeral System。②“康熙盲字”是我国应用于盲人教育活动的最早的汉语盲文。

---

① 蓉湖古谷夫.在《吕氏宗谱》中发现吕师传记[EB/OL]. http://blog.cz001.com.cn/home.php? do=blog&id=1222912&mod=space&uid=171005,2012-06-05.

② 郭卫东.基督教新教传教士与中国盲文体系的演进[J].近代史研究，2006(2):111-112.

与字母文字的盲文不同，“康熙盲字”中盲文代表的不是汉字本身，而是汉字的读音。从吕师开始，此后的汉语盲文也一直如此。

受“康熙盲字”的影响，紧接着出现的是“大卫·希尔法”盲文，亦称“声母韵母法”或“汉口法”。这套盲文是由汉口训盲书院的循道会传教士大卫·希尔(David Hill)等人创制。该法大致形成于1888—1889年。“大卫·希尔法”也是采用布莱尔盲文体系，但与“康熙盲字”非常大的一个差异在于，它用不同的一方点位形式来代表汉字拼音中的声母和韵母，然后通过声母和韵母的组合拼写来呈现一个汉字。这种盲文拼写方法使用的点位形式较少，且容易掌握和书写。因此，“大卫·希尔法”除了在湖北使用，在华中地区和西北地区也都有使用，并影响了当时以及之后中国汉字盲文的编制方法。

与“大卫·希尔法”几乎是同一时期，圣公会的传教士岳爱美(Amy Oxley)等人在福建创建了福建灵光盲校，并编制了拼写福建方言的福州盲文。与同时期的其他盲文相比，福州盲文最大的特色在于，书写时以词为单位，词语前后空方，最早具有了盲文分词形式。① 这一做法，被此后中国汉字盲文的编制所借鉴。

截止到20世纪20年代，我国的汉字盲文除了“康熙盲

① 郭卫东.基督教新教传教士与中国盲文体系的演进[J].近代史研究,2006(2):115-118.

字”“大卫·希尔法”和福州盲文，还有拼写广东方言的“字母法”盲文，在甘肃秦州（天水）出现的拼写北方语系的“秦州法”盲文等不同的汉字盲文。不同类型的盲文之间，在汉字的发音和拼写上存在较大的差异，阻碍了盲人之间的交流，也妨碍了盲文书籍的印刷出版和盲人教育活动的实践。在意识到这一问题后，基督教传教士和国内的盲教育者们提出了开发一种统一的、适合全中国的盲文的建议。1913 年“大英圣书公会”和“美国圣经公会”联合各方面的盲文教育者，在借鉴已有汉语盲文的基础上，商讨制定了一种标准的汉语盲文体系，名为“和合布莱叶法”（Union Braille System），简称“和合法”，但后来中国人最习惯的名称是“心目克明”。1919 年后很多盲校采用它，在我国历史上有较大影响。[①]

二、现行盲文和双拼盲文

1949 年以前，由于战争和政局的动荡，各地的盲校在盲文使用上的随意性较大。尽管 1919 年后很多盲校采用了“心目克明”盲文，但在北方仍有一些盲校使用“康熙盲字”，南方有一些盲校使用粤语盲文，中部地区少数盲校仍使用由“大卫·希尔法”直接演变而来的“五方原音”盲文，而长江下游一些盲校使用基于“心目克明”改编的“国音盲字”。因而国内仍

① 郭卫东.基督教新教传教士与中国盲文体系的演进[J].近代史研究，2006(2)：115－118.

没有统一使用的、规范的盲文。

1949 年新中国成立后，随着政局的稳定、教育管理的统一，盲文的统一化工作才全面展开。1952 年，黄乃等人在已有盲文尤其是“心目克明”和福州盲文的基础上，创制了一套以北京话为基础音、以国家正式推行的普通话为标准、实行分词连写的汉语盲文　《新盲字方案》。1953 年，《新盲字方案》得到国务院批准，在全国统一推广使用，一直沿用至今。为了和后来的“双拼盲文”相区别，《新盲字方案》也被称为“现行盲文”。

为解决《新盲字方案》中盲文标调所产生的问题，20 世纪 70 年代，黄乃等人又编制了一套汉语盲文，经修订完善后，命名为《汉语双拼盲文方案》，简称为“双拼盲文”。与现行盲文相比，双拼盲文较好地解决了现行盲文标调方式产生的读音不确定问题，但由于双拼盲文的拼写方法与现行盲文有很大差异，且学习难度较大，双拼盲文在盲教育实践中没有能够被广泛接受和应用。

三、国家通用盲文

由于现行盲文存在的标调问题一直未能有效解决，在 21 世纪初，钟经华等人对现行盲文的标调规则进行了完善，细化和规范了声调符号的用法，形成了《国家通用盲文方案》。《国家通用盲文方案》一方面保持了现行盲文的稳定，实现了新旧盲文之间的平稳衔接；另一方面很好地解决了“现行盲文”标调准确与省方的两难问题。① 从2018年7月1日起,我国正式开始推广使用《国家通用盲文方案》,以逐步取代现行盲文。

当前,港澳地区还沿用过去的粤语盲字。台湾地区至今仍使用经过修订的“心目克明”盲字。

课后习题

1. 名称解释

盲文

点位

方

路易·布莱尔

2. 简述盲文的起源与演变。

3. 简述汉语盲文的产生与发展过程。

① 钟经华.国家通用盲文方案研究[J].中国特殊教育,2018(6):42-46.

第二章

汉语盲文

本章教学目标

- 识记声母、韵母的盲文符形。
- 记忆和理解汉语盲文字、词构成规则。
- 记忆和理解常用标点符号的盲文符形和书写规则。
- 理解分词连写规则。

当前，我国盲教育领域和盲文出版领域主要使用现行盲文(《新盲字方案》)和通用盲文(《国家通用盲文方案》)。现行盲文以布莱尔六点制盲文为基本结构，以北京话为基础音，以国家正式推行的普通话为标准，采用分词连写方法拼写普通话，是一种拼音制的文字形式。2018 年开始推行的《国家通用盲文方案》整体上与现行盲文保持了一致，主要是对现行盲文的标调规则进行了调整和完善。因此，两者的差异基本上也只存在于音节标调方面，其他方面几乎都是相同的。在本章的内容中，我们将首先呈现现行盲文，在此基础上，再呈现国家通用盲文，通过有序地呈现，方便大家快速而有效地掌握两种汉语盲文。

第一节 现行盲文

现行盲文所涉及的内容主要包括字母符形、字词书写规则、标点符号书写规则和分词连写规则等部分。其中，字母符形是基础，字母符形和字词书写规则涉及盲文字词本身的书写，标点符号和分词连写规则涉及字词基础上的语句的书写。

一、字母符形

汉语盲文都是拼音制的文字形式，书写的基本上都是汉字的音节。在拼写时，根据汉语音节结构，采用声、韵双拼制，即一个盲字一般由声母和韵母两方符形构成。因此，盲文书写中涉及的汉语拼音中的声母和韵母都有其对应的盲文符形。

当前，盲文书写时涉及的字母共有 56 个，其中声母 21 个，对应的盲文符形 18 个；韵母 36 个，对应的盲文符形 34 个（见表 2－1、2－2）。

表 2－1 声母盲文符形表

声母	符形	声母	符形	声母	符形
b	⠃	p	⠏	m	⠍

续　表

声母	符形	声母	符形	声母	符形
f	●● ●○ ○○	d	●● ○● ○○	t	○● ●● ●○
n	●● ○● ●○	l	●○ ●○ ●○	g/j	●● ●● ○○
k/q	●○ ○○ ●○	h/x	●○ ●● ○○	zh	○● ○○ ●○
ch	●● ●● ●○	sh	●○ ○● ○●	r	○● ●● ○○
z	●○ ○● ●●	c	●● ○○ ○○	s	○● ●○ ●○

注：g 与 j 共用符形，k 与 q 共用符形，h 与 x 共用符形。

表 2－2　韵母盲文符形表

韵母	符形	韵母	符形	韵母	符形
a	○○ ○● ●○	o/e	○○ ●○ ○●	i	○● ●○ ○○
u	●○ ○○ ●●	ü	○● ○○ ●●	er	●○ ●● ●○
ai	○● ●○ ○●	ao	○○ ●● ●○	ei	○● ●○ ●●
ou	●○ ●● ●●	ia	●● ●○ ○●	iao	○● ○● ●○
ie	●○ ○● ○○	iu(iou)	●○ ●● ○●	ua	●● ●● ●●
uai	●● ○● ●●	ui(uei)	○● ●● ○●	uo	●○ ○● ●○

续 表

韵母	符形	韵母	符形	韵母	符形
üe	⠾	an	⠧	ang	⠦
en	⠴	eng	⠼	ian	⠩
iang	⠭	in	⠣	ing	⠡
uan	⠻	uang	⠶	un(uen)	⠒
ong/ueng	⠲	üan	⠯	ün	⠸
iong	⠹				

注：o 与 e 共用符形，ong 与 ueng 共用符形。

学习阅读和书写盲文的第一步，就是要识记字母符形。识记字母符形时，要避免死记硬背。由于字母符形的数量较多，且符形间的差异不大，很多仅仅是一两个点的差异，死记硬背费时费力，且往往效果不佳。因此，识记字母符形时，必须结合使用多种记忆技巧和方法。例如，可以使用点位连线的方法，将字母符形中的点位进行连线以构成特定的几何形状，进行形象记忆。如：声母 l ⠇的符形中 1、2、3 点连线后，就是一条垂直线“|”，与声母 l 的形状几乎相同。声母 t ⠞的符形中 2、3 点连线，4、5 点连线，2、5 点连线后，就构成了一个形似台阶、梯级或俄罗斯方块游戏图形的几何形状“┌┘”。还

可以使用编顺口溜的方法，将几个字母放在一起识记。如：将六个点位中只缺一个点的字母放在一起，按缺点的点位顺序进行排列，分别是 üe ⠾（缺 1 点）、uai ⠽（缺 2 点）、uan ⠻（缺 3 点）、ou ⠷（缺 4 点）、üan ⠯（缺 5 点），根据字母读音编顺口溜“月歪晚欧元”来识记。同时，还可以使用“找关系”的方法，构建两个或更多个字母或符形之间的某种关系（如对称、有规律变化），通过这种关系来实现高效识记。如：如 p ⠏与 iong ⠹符形之间，可视作存在对称关系，记住一个后，另一个可通过这种关系来识记。四个韵母 an ⠧、ang ⠦、en ⠴、eng ⠼的符形整体上可视作左右对称且有规律变化的关系，甚至可以视作一个“”几何图形，以此来同时识记四个符形。总之，记忆方法可以是多种多样的，可以使用已有方法，也可自己创立方法。要巧记字母符形，防止死记点位。

二、字词拼写规则

利用声母、韵母符形拼写盲文字词时，需要遵循盲文字词拼写规则。盲文字词拼写规则既涉及一般情况下盲文字词的拼写方法，也涉及特殊情况下的盲文字词的拼写方法。同时，拼写规则包括字的拼写规则，也包括词的拼写规则。

1. 一般情况下，一个盲字由声母、韵母二方符形构成，声母在前，韵母在后。如：

家 jiā ⠛⠫

妈 mā ⠍⠔

华 huá ⠓⠿

2. 由两个及以上盲字构成的词语，按字的先后依次连续拼写。字与字之间不空方。如：

家庭 jiātíng ⠛⠫⠞⠡

妈妈 māma ⠍⠔⠍⠔

电风扇 diànfēngshàn ⠙⠩⠋⠼⠱⠧

3. 如果一个字(音节)与某个韵母的读音相同，那么这个韵母可以单独构成此盲字。如：

乌鸦 wūyā ⠥⠫

论文 lùnwén ⠇⠒⠒

4. 音节为 zhi、chi、shi、ri、zi、ci 、si 的盲字，拼写时只写出声母 zh、ch、sh、r、z、c、s 的符形即可，不写韵母 i。如：

吃饭 chīfàn ⠟⠋⠧

知识 zhīshi ⠌⠱

三、标调规则

声调是汉语音节的重要组成部分。在盲文中，四个声调都有其对应的符形。

阴平“ - ”⠁　　阳平“ ˊ ”⠂

上声“ ˇ ”⠄　　去声“ ˋ ”⠆

在现行盲文中，对声调的书写有一定的规则要求。这些规则包括以下五点。

1. 盲字标调时，声调符形写在需要标调的盲字后面。如：

天空 tiānkōng ⠞⠩⠁⠅⠲⠁

学生 xuésheng ⠓⠾⠂⠱⠼（生为轻声，没有对应的符形）

特殊 tèshū ⠞⠢⠆⠱⠥⠁

2. 书写现行盲文时，一般情况下不标声调。字词的读音往往依据上下文来确定。如：

新中国的首都是⠃⠮⠛⠡（北京）

天气寒冷，睡觉需要盖上厚⠃⠮⠵（被子）

3. 在一个词里，如果前面的盲字是声母 zh、ch、sh、r、z、c、s 单独构成的，后面的盲字是由韵母单独构成的，那么两个盲字之间必须加前字的声调符号，用以界音，防止音节间界限发生混淆。如：

植物 zhíwù ⠌⠂⠥（住 ⠌⠥）

市委 shìwěi ⠱⠆⠺（水 ⠱⠺）

思维 sīwéi ⠎⠁⠺（随 ⠎⠺）

4. 除了界音，陌生或少见的人名、地名及字词也需要使用声调来帮助发音。如：

王小天 wángxiǎotiān ⠶⠂⠓⠜⠄⠞⠩⠁

琚湾镇 jūwānzhèn ⠛⠬⠁⠻⠁⠌⠴⠆

饕餮 tāotiè ⠞⠖⠁⠞⠑⠆

5. 为区别一些同音、近音字词，对一些常用字、词的声调书写情况进行了特别规定。如：

他 ⠞⠔（不写声调）

她 ⠞⠔⠁（写声调）

它 ⠈⠞⠔（不写声调，但在声母符形前加写一个四点符形，作为特殊标记）

有 ⠳（不写声调）

是 ⠱（不写声调）

在 ⠵⠪（不写声调）

四、标点符号

标点符号是书面语言的一个有机组成部分。正确使用标点符号，能帮助读者分清句子结构，辨明语气和意义。现行盲文使用了现代汉语中所有的标点符号，并根据点字符号的特点，适当增加了几个，在书写形式上也有特别的规定。

1. 句号（。）

句号（。）⠐⠆（两方符形构成）

句号的书写规定：

(1) 句号与前、后的词语之间均不空方。如：

⠕ ⠱ ⠙⠔⠓⠾⠱⠼⠐⠆⠕ ⠇⠪⠵ ⠌⠲⠛⠕⠐⠆

我是大学生。我来自中国。

(2) 句号不能写在行首。

(3) 如果一行末尾不够方写句号时，须将句号前面的一个词语与句号一起移至下一行书写。

2. 问号(?)

问号(?) ⠐⠄(两方符形构成)

问号的书写规定：

(1) 问号与前、后的词语之间均不空方。如：

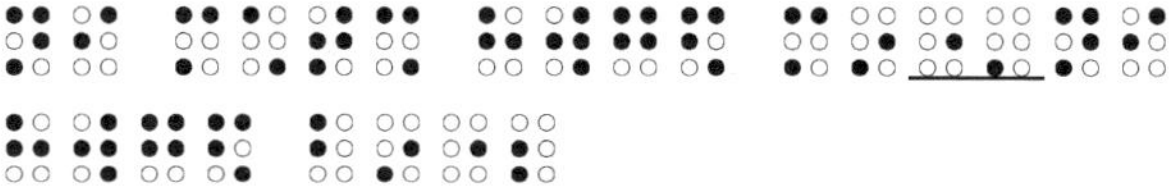

你明天回家吗？你回家吧。

(2) 问号不能写在行首。

(3) 如果一行末尾不够方写问号时，须将问号前面的一个词语与问号一起移至下一行书写。

3. 感叹号(!)

感叹号(!) ⠰⠂(两方符形构成)

感叹号的书写规定：

(1) 感叹号与前、后的词语之间均不空方。如：

天气真好！我们去春游。

(2) 感叹号不能写在行首。

(3) 如果一行末尾不够方写感叹号时，须将感叹号前面的一个词语与感叹号一起移至下一行书写。

4. 逗号(,)

逗号(,) ⠐

逗号的书写规定：

（1）逗号与前面的词语之间不空方，与后面的词语之间空一方。如：

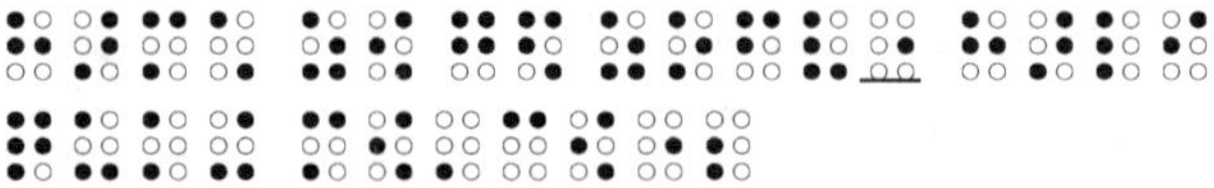

小明在家做饭，小李出去买菜。

（2）逗号不能写在行首。

（3）如果一行末尾不够方写逗号时，须将逗号前面的一个词语与逗号移至下一行书写；如果逗号正好在一行的最末一方，逗号后文字移到下一行书写时，下一行开头不要空方。

5. 顿号（、）

顿号（、）

顿号的书写规定：

（1）顿号与前面的词语之间不空方，与后面的词语之间空一方。如：

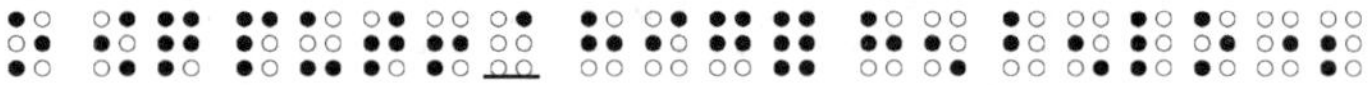

我爱吃葡萄、西瓜和菠萝。

（2）顿号不能写在行首。

（3）如果一行末尾不够方写顿号时，须将顿号前面的一个词语与顿号移至下一行书写；如果顿号正好在一行的最末一方，顿号后文字移到下一行书写时，下一行开头不要空方。

6. 冒号（：）

冒号（：）

冒号的书写规定：

(1) 冒号与前面的词语之间不空方，与后面的词语之间空一方。如：

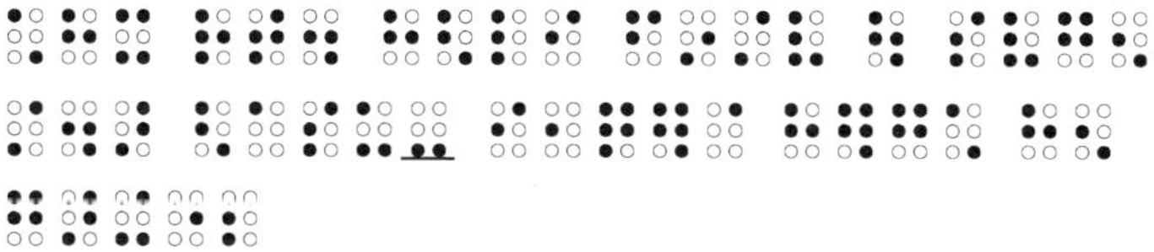

影响儿童心理发展有三个重要因素：遗传、环境和教育。

(2) 冒号不能写在行首。

(3) 如果一行末尾不够方写冒号时，须将冒号前面的一个词语与冒号移至下一行书写；如果冒号正好在一行的最末一方，冒号后文字移到下一行书写时，下一行开头不要空方。

7. 分号(;)

分号(;) 

分号的书写规定：

(1) 分号与前面的词语之间不空方，与后面的词语之间空一方。如：

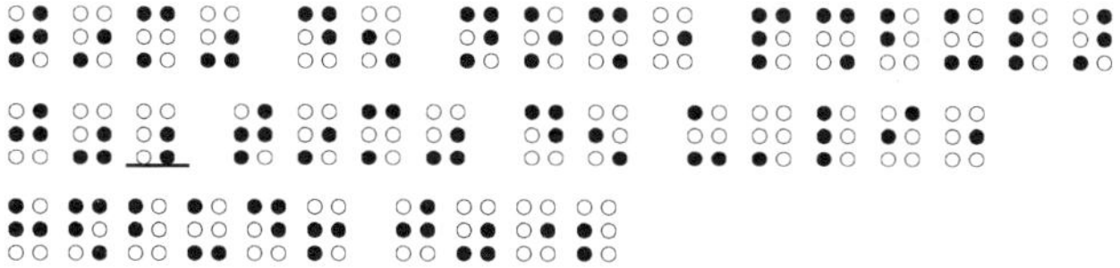

他们的诺言，骗不了人；他们的武力，吓不倒人。

(2) 分号不能写在行首。

(3) 如果一行末尾不够方写分号时，须将分号前面的一个词语与分号移至下一行书写；如果分号正好在一行的最末一方，分号后文字移到下一行书写时，下一行开头不要空方。

8. 破折号(——)

破折号(——) (两方符形构成)

破折号的书写规定：

(1) 破折号与前、后的词语之间均不空方。如：

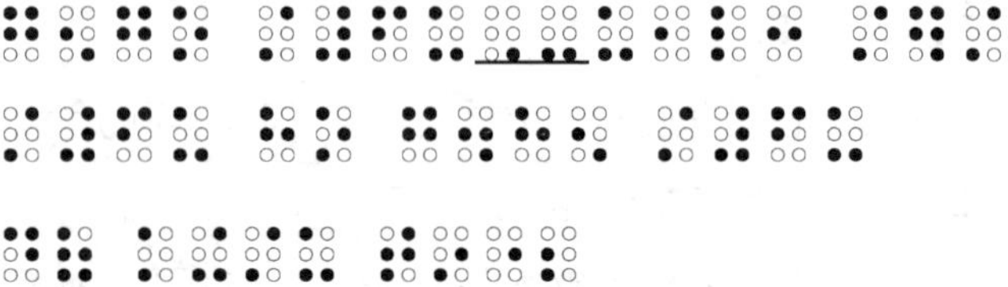

各国政府——无论专制政府或共和政府都驱逐他。

(2) 破折号可以写在行首。

(3) 构成破折号的两方符形必须写在同一行。

(4) 如果一行末尾不够方写破折号时，须将破折号完整地移至下一行书写。

9. 省略号(……)

省略号(……) (三方符形构成)

省略号的书写规定：

(1) 省略号与前面的词语之间不空方，与后面的词语之间空一方。如：

可恶！然而……还是不行。

(2) 省略号要写在行首。

(3) 省略号必须三方写在同一行。

（4）如果一行末尾不够方写省略号时，须将省略号移至下一行书写。

（5）省略号与前面的逗号之间空一方。省略号与后面的标点之间不空方。

10. 引号（“ ”）

引号（“ ”）　（引号的开号和关号都是一方符形构成）

引号的书写规定：

（1）引号的开号与前面的词语之间空一方，引号的关号与后面的词语之间空一方。如：

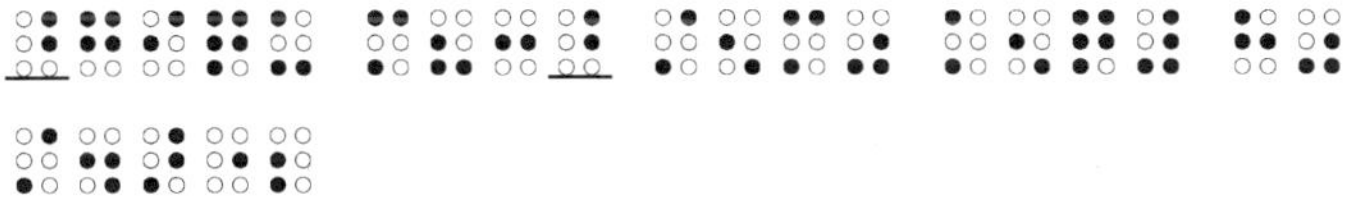

“基础盲文”这门课程很重要。

（2）引号的开号可以写在行首，前面不用空方，但不能写在一行末尾。

（3）引号的关号可以写在一行末尾，但不能写在行首。

（4）引号的关号在一行末尾不够方书写时，须与前面的词语一起移至下一行书写。

（5）引号的开号同前面占两方的标点符号之间不空方。

11. 括号（（ ）、［ ］）

圆括号（（ ））　（圆括号的开号和关号都是两方符形构成）

方括号（［ ］）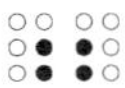　（方括号的开号和关号都是两

方符形构成）

括号的书写规定：

（1）括号的开号与前面的词语之间不空方，括号的关号与后面的词语之间不空方。如：

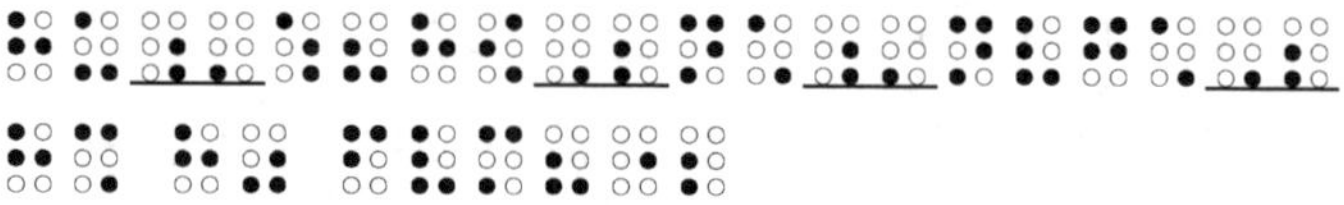

沪(上海)宁(南京)线很繁忙。

（2）括号的开号可以写在行首，但不能写在一行末尾。

（3）括号的关号可以写在一行末尾，但不能写在行首。

（4）括号的关号在一行末尾不够方书写时，须与前面的词语一起移至下一行书写。

（5）括号的关号同后面的标点符号之间不空方。

12. **书名号**（《 》、〈 〉）

双书名号（《 》） 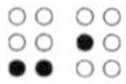（双书名号的开号和关号都是两方符形构成）

单书名号（〈 〉） 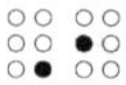（单书名号的开号和关号都是两方符形构成）

书名号的书写规定：

（1）书名号的开号与前面的词语之间空一方，书名号的关号与后面的词语之间空一方。如：

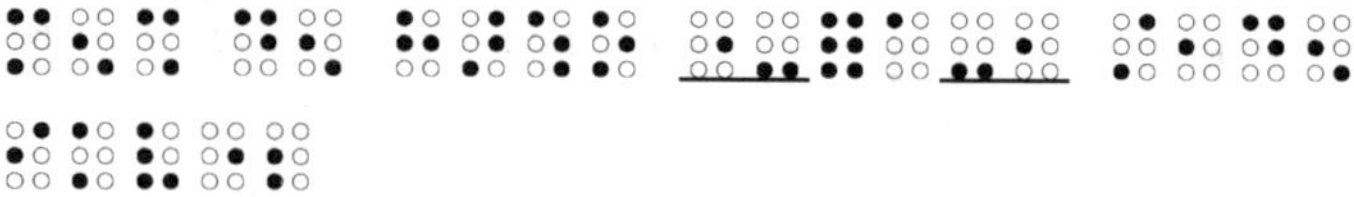

莫言的小说《蛙》值得一看。

(2) 书名号的开号可以写在行首，前面不用空方，但不能写在一行末尾。

(3) 书名号的关号可以写在一行末尾，但不能写在行首。

(4) 书名号的关号在一行末尾不够方书写时，须与前面的词语一起移至下一行书写。

(5) 书名号的开号同前面占两方的标点符号之间不空方。

13. 换行连写号

换行连写号 ⠤

换行连写号的书写规定：

(1) 在一行末尾，如果一个词没有写完，有音节需要移至下一行书写，那么在下一行的开头要先写换行连写号，再写没有写完的音节。

(2) 一个音节中的声母与韵母之间不能使用换行连写号，音节与声调或标点符号之间也不能使用换行连写号。

14. 间隔号（·）

间隔号（·）⠠⠄（两方符形构成）

间隔号的书写规定：

(1) 间隔号与前面的词语和后面的词语之间都不空方。如：

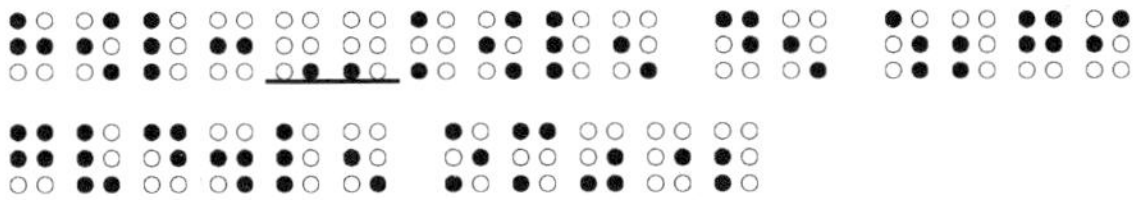

海伦·凯勒的事迹感动了我们。

(2) 间隔号可以写在一行末尾，但不能写在行首。

(3) 间隔号在一行末尾不够方书写时，须与前面的词语一起移至下一行书写。

15. 着重号(着重号)

着重号(着重号) ⠐

着重号的书写规定：

(1) 在需要着重的词语前面写着重号，需要着重的词语与着重号之间不空方。着重号与前面的词语之间空一方。如：

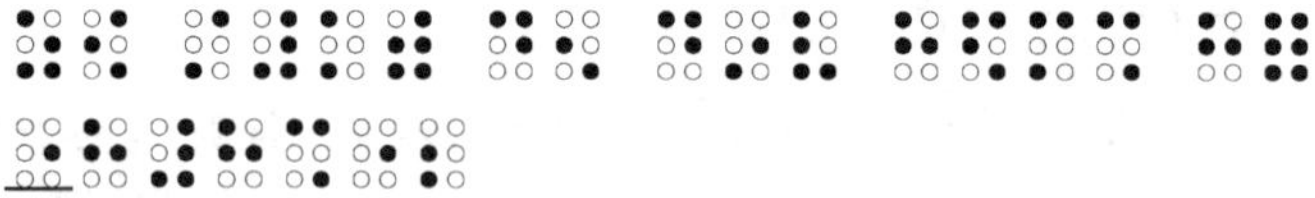

在正确的答案下面画横线。

(2) 着重号和需要着重的词语必须在同一行。

需要注意的是，第一，由两方或三方符形构成的符号，不能拆开来分放在上下两行。第二，前后连用的两个标点符号，如果前面的符号要求后空一方，后面的符号要求前空一方，这时，只要在两个标点符号之间空一方即可。

五、分词连写规则

(一) 分词连写的含义

分词连写是我国大陆地区汉语盲文特有的重要书写规则。分词连写指的是书写汉语盲文语句时，对语句中词语的两种处理方式，一种是分词，一种是连写。分词，指把句子中的一些词，词与词分开来写。连写，指把句子中的一些词，词与词不分开，连在一起写。如用盲文书写“我是一名学生”这句话时，“我”“是”“一名”“学生”这几个词之间要分开写，这是分词；数词“一”和量词“名”这两个词要连在一起写，这是连写。书写盲文语句时，通常句子中既有分词的情况，也有连写的情况。

汉字明文书写时是一个字接着一个字写，通常字与字之间、词与词之间都不分开书写。但我国大陆地区汉语盲文书写时，要进行分词连写。这一做法是由于汉语盲文自身的特点。第一，盲文是一种依赖指尖触摸的文字形式。与眼睛的视野相比，指尖触摸的范围要小得多，所以人们在触摸识别盲文时，一次所能触摸识别的符形要更少，获取的信息也更少。第二，汉语盲文是一种特殊的拼音文字形式，即它所呈现的只是读音而非汉字本身。由于同音、近音的影响，摸读者无法从单个读音本身理解字义、词义和形成概念，必须结合周围的字音、字义来推测。一方面，摸读速度本身较慢；另一方面，又必须借助较多的摸读信息来实现对字义、词义和概念的理解，所以供给和需求就产生了冲突，形成了摸读中的“速度慢、理解差”的现象。分词连写就是要通过空方（分词）实现对句中的词语、概念的切分和标识，明晰各个词语、概念的边界，减少对词义和概念理解时对周围其他字、词的依赖，提高理解的速度和准确性。同时，语句中的空方客观上让盲人在摸读过程中有了一些不影响词语、概念理解的停顿，让指尖在短时间内不会过于疲劳。这有利于概念的快速识别，也符合盲人摸读习惯，能提高摸读效率。①

（二）分词连写的主要原则

在对盲文语句进行分词连写时，所有的分词、连写活动，首先都必须符合分词连写的三个主要原则。

1. 要符合语法

在书写语句时，句子中的主要语法成分（如主语、谓语、宾语、修饰成分、中心语等）通常要分开写。如“我/是/学生。”

2. 要符合语言的逻辑性和习惯性

在书写语句时，不论是分写出的词，还是连写在一起的词，在逻辑性上，都必须是意义相对完整和明确的；在习惯性上，都必须是日常经常使用的、相对正常的。如“他在工厂工作”这句话，写成“他/在/工厂/工作”就没有问题，但如果写成了“他/在工/厂工/作”，就会让人觉得莫名其妙，难以理解了。

3. 考虑书写结果长短适度，适当减少一些零散的单音节词

在书写语句时，不论是分写出的词，还是连写在一起的词，既不能字数太多，也要尽量避免产生连续多个单字的情况。例如“我是一名二年级学生”这句话，如果写成“我/是/一/名/二/年级/学生”就显得太零散，写成“我/是/一名/二年

① 钟经华.盲文[M].天津：天津教育出版社，2007：22-23.

级/学生”更好。“我是江苏省南京市的学生”这句话如果写成“我/是/江苏省南京市/的/学生”，中间就显得太长，写成“我/是/江苏省/南京市/的/学生”更好。

（三）分词连写的细则

遵从分词连写的三个主要原则，可以完成盲文语句的部分分词连写工作。但语句中仍有一些分词连写活动无法直接按照三个原则来实施，这就需要一些更为具体的细则来说明。下面的十二条细则说明了常见的一些语句分词连写的具体做法。

1. 盲文拼写以词为单位，构成词的字（音节）连写在一起，不能分开。如：

我　人　跑　好　马虎

阳光　马路　巧克力

2. 两个或三个字（音节）构成的结构，已经词化的连写。如：

上学　吃饭　心想　大会　全国

对不起　巴不得　钢铁侠　奈何桥　青霉素

3. 由多个词组成的名词，大于等于四个字的，按词分写。如：

南京/大学　人民/日报　中华/人民/共和国

全国/人民/代表/大会　生产/关系

无线/路由器　新型/冠状/病毒/肺炎

4. 四个字（音节）及以上的专有名词，不能按词分写，就全部连写。如：

盘尼西林　红十字会　阿司匹林　奥斯特洛夫斯基

5. 两个或三个字(音节)构成的结构,在意义上结合得较为紧密,连写在一起,以减少一些零散的单音节形式。如：

不错　很快　迟到

沪宁线　大红花　新中国

6. 动词跟宾语分写。如：

吃/饭　看/电视　建设/家园

7. “的、地、得、之”作为结构助词时,“的、地、之”与前后词语分写;“得”与前词连写,与后词分写。如：

伟大/的/祖国　美好/的/生活

慢慢/地/散步　迅速/地/发展

盲人/之/家　发达国家/之/一

写得/不错　打扫得/干干净净

8. 句末的语气助词“吗、呢、了、啊”与前词分写。如：

你/去/吗?　你/怎么/还/不来/呢?

别/说话/了。　路上/注意/安全/啊!

9. 句中的时态助词“着、了、过”与前词连写,与后词分写。如：

他/正在/看着/电视。

我/思考过/这个/问题。

你/吃了/吗?

10. 成语全部连写。如：

瓜田李下　马到成功　拔苗助长　走马观花

11. 四个字(音节)及以下的重叠式结构,全部连写。如:

看看	看一看	听不听	软绵绵
研究研究	干干净净	糊里糊涂	蹦蹦跳跳

12. 语句中的数量词连写在一起。如:

一百〇八	千分之五点二	九平方千米
三百六十五天	2020 年	六十五架次

六、汉语盲文的一般书写格式

1. 标题

文章的题目要居中书写。一行没写完,可分为二行或三行。换行时应保持词的完整性。作者姓名要换行居中书写。

2. 正文

正文在文章题目下空一行书写。正文中的小标题空两方或居中书写。非诗歌正文抬头空两方书写。换行时保持分词的完整性,顶格书写。每段另起一行空两方书写。

诗歌的每一句(一行诗)都应顶格书写。如果一句在一行纸上写不完,剩下的内容换行空两方书写。

3. 落款

文章和书信的落款及年、月、日,书写在右下角,不能单独换页书写。

4. 文内的小字

文内的小字与上、下的正文内容都不空行。小字的开头空四方书写。如果一行不够换行书写时,空两方书写。小字内容结束后，换行书写接下来的正文。

5. 文内的外文

文内的外文和外文字母，应前后各空两方书写；标有字母号的外文字母，可前后空一方书写。一连串的表示缩写的大写字母，凡超过两个以上者，只在头一个字母前加两个大写号。

6. 其他

标题中顺序数词后的原圆点，在盲文书写中取消，后面空两方。

封面题目从第五行开始书写。作者姓名空一行居中书写。

目录大标题顶格，小标题空两方书写，一行不够可换行空四方书写；以数字标明的章节标题，换行时与上行数字后的字对齐；标题后连续书写第五点，最后写页码，页码数字上下对齐。

学习建议

在我国汉语盲文的国家标准中，分词连写规则的内容繁多，并且部分规则内容表述较为含糊，不够明确。这给规则的学习和应用带来了很大的困难。初学者往往会发现分词连写规则很深奥，三个月甚至三年也学不会[①]。在这种情况下，掌握常用的、基本的分词连写方法，已经可以满足日常基础的盲

① 钟经华.盲文应用的现实困境与思考[J].现代特殊教育，2016(7)：27－28.

文书写需要。书写中如果遇到了一些细则中没有说明的分词连写情况，在不违背三个主要原则和十二个细则的前提下，学习者可以灵活处理。

第二节 国家通用盲文

2018年开始推行的国家通用盲文是在现行盲文的基础上，主要对现行盲文的标调规则进行了调整和完善，在字词拼写、标点符号书写以及分词连写等方面与现行盲文基本一致。因此，掌握现行盲文后，学习国家通用盲文时只需要在音节标调部分加以注意，其他方面内容基本上按照现行盲文的要求来做即可。因此，通用盲文一方面从根本上解决了现行盲文60多年来的声调猜谜问题，另一方面做到了盲文篇幅增量小、记忆负担小、易学易用和新旧衔接顺畅①。

一、标调规则

国家通用盲文在标调上的调整和完善，体现在由现行盲文的“一般不标调、需要时标调”转变为通用盲文的“字字标调、隐性标调”，即每个盲字的声调都要能体现出来，但又不需

① 钟经华.国家通用盲文方案研究[J].中国特殊教育，2018(6)：42-46.

要将每个字的声调都写出，而是通过一些规则，省去有形的符号，将其隐性地体现出来，实现“无声胜有声”的效果。

（一）基本规则

1. 每个盲字都标调。如：

阳光 yángguāng ⠭⠂⠛⠶⠁

盲文 mángwén ⠍⠦⠂⠒⠂

2. 变调音节标本调。如：

恩人 ēnren ⠴⠁⠚⠴⠂（人字变调为轻声，但盲文标本调二声）

一头 yìtóu ⠊⠁⠞⠷⠂（一字变调为四声，但盲文标本调一声）

不至于 búzhìyú ⠃⠥⠆⠌⠆⠬⠂（不字变调为二声，但盲文标本调四声）

牡丹 mǔdan ⠍⠥⠄⠙⠧⠁（丹字变调为轻声，但盲文标本调一声）

土腥气 tǔxīngqi ⠞⠥⠄⠓⠡⠁⠅⠊⠆（气字变调为轻声，但盲文标本调四声）

沉甸甸 chéndiāndiān ⠟⠴⠂⠙⠩⠆⠙⠩⠆（甸字变调为一声，但盲文标本调四声）

（二）声调省写规则

1. 声母为 f 的音节，省写阴平符号。如：

芬 fēn　省写为 ⠋⠴

风帆 fēngfān　省写为 ⠋⠼⠋⠧

非凡 fēifán　省写为 ⠋⠮⠋⠧⠂

方法 fāngfǎ　省写为 ⠋⠦⠋⠔⠄

奋发 fènfā　省写为 ⠋⠴⠆⠋⠔

2. 声母为 p、m、t、n、h、q、ch、r、c 的音节，省写阳平符号；音节 tóu 的声调符号不省写。如：

词 cí　省写为 ⠉

和平 hépíng　省写为 ⠓⠢⠏⠡

人民 rénmín　省写为 ⠚⠴⠍⠣

非常 fēicháng　省写为 ⠋⠮⠟⠦

红旗 hóngqí　省写为 ⠓⠲⠅⠊

成年 chéngnián　省写为 ⠟⠼⠝⠩

田头 tiántóu　省写为 ⠞⠩⠞⠷⠂（tóu 不省写）

3. 声母为 b、d、l、g、k、j、x、zh、sh、z、s 的音节，省写去声符号；音节 lè、zì 的声调符号不省写。如：

坝 bà　省写为 ⠃⠔

重视 zhòngshì　省写为 ⠌⠲⠱

干劲 gànjìn　省写为 ⠛⠧⠛⠣

情况 qíngkuàng　省写为 ⠅⠡⠅⠶

贺信 hèxìn　省写为 ⠓⠢⠆⠓⠣

大气层 dàqìcéng　省写为 ⠙⠔⠅⠊⠆⠉⠼

快乐 kuàilè　省写为 （lè 不省写）

红十字会 hóngshízìhuì　省写为 （zì 不省写）

4. 韵母自成的音节，省写去声符号，第 5 和 6 条规定的除外。如：

育 yù　省写为 

爱国 àiguó　省写为 

运用 yùnyòng　省写为 

望远镜 wàngyuǎnjìng　省写为 

物联网 wùliánwǎng　省写为 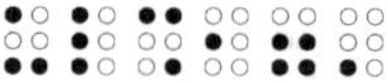

5. 音节 yī、ér、wǒ、yě、yǒu 的声调符号省写；音节 yì、èr、wò、yè、yòu 的声调符号不省写。如：

wǒ（我）　省写为 

wò（沃）　不省写 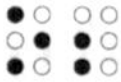

yěxǔ（也许）　省写为 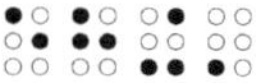

yǒuyì（有益）　省写为 （yì 不省写）

érqiě（而且）　省写为 

èrwéimǎ（二维码）　不省写 

6. 音节 ō、ó、ǒ、ò 的声调符号省写；音节 ē、é、ě、è 的声调符号不省写。如：

ó（哦）　省写为 

ǒ（嚄）　省写为 

èyào(扼要)　省写为⠢⠆⠜(è不省写)

7. 声母自成音节后面连写韵母自成音节时,声母自成音节声调符号不省写。如:

慈爱 cí'ài　省写为⠉⠂⠪(cí不省写)

事业 shìyè　不省写⠱⠆⠑⠆(shì不省写)

8. 需要声调符号提供点位参照或者区分音义时,声调符号不省写。如:

问 wèn⠒⠆(不省写,声调符号提供点位参照)

地道 dìdào⠙⠊⠙⠖⠆("道"去声不省写,能够与轻声的"地道"区分)

再 zài⠵⠪⠆(不省写,可与"在"zài⠵⠪区分)

二、简写规则

1. "的、么、你、他、她、它"简写。如:

的 de⠙⠢ 简写为⠙

么 me⠍⠢ 简写为⠍

你 nǐ⠝⠊⠄ 简写为⠝

他 tā⠞⠔ 简写为⠞

她 tā⠞⠔⠁ 简写为⠞⠁

它 tā⠈⠞⠔ 简写为⠈⠞

怎么 zěnme⠵⠴⠄⠍⠢ 简写为⠵⠴⠄⠍

他乡 tāxiāng ⠞⠔⠓⠭⠁ 简写为 ⠞⠓⠭⠁

它们 tāmen ⠈⠞⠔⠍⠴ 简写为 ⠈⠞⠍⠴

你的 nǐde ⠝⠊⠄ ⠙⠢ 简写为 ⠝ ⠙

2. “的、么、你、他、它”后面连写韵母自成的音节时，不能简写。如：

他用 tāyòng 省写为 ⠞⠔⠹（“他”不简写）

怎么样 zěnmeyàng 省写为 ⠵⠴⠄⠍⠢⠭（“么”不简写）

课后习题

1. 写出下列字母对应的盲文符形。

b	p	m	f	d	t
ch	sh	r	z	c	s
a	o/e	i	u	ü	er
ie	iu(iou)	ua	uai	ui(uei)	uo
iang	in	ing	uan	uang	un(uen)

2. 写出下列盲文符形对应的字母。

⠝	⠇	⠛	⠅	⠓	⠌
⠪	⠖	⠮	⠷	⠫	⠜
⠾	⠧	⠦	⠴	⠼	⠩
⠲	⠯	⠸	⠹		

3. 用现行盲文写出下列词语。

玉米　　蚂蚁　　大鹅　　贺卡

学校　　耳朵　　说话　　嘴巴

植物　　阳光　　抽烟　　吃饭

地铁　　城市　　发达　　国家

南京　　特殊　　教育　　学院

革命　　歌曲　　时代　　广场

4. 将下列用现行盲文写出的词语翻译为汉字明文。

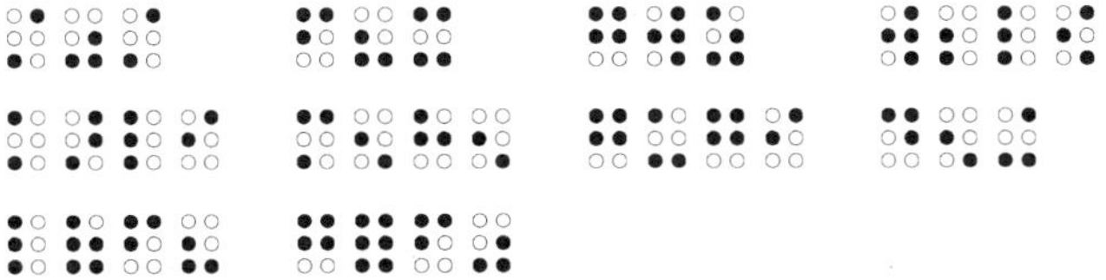

5. 用现行盲文写出下列句子，注意：有斜线的地方空一方。

张三/爱吃/葡萄，李四/喜欢/吃/梨。

你/下午/有课/吗？没有。

火车/开动/了！

经验/可以/分为/两类：直接/经验/和/间接/经验。

6. 用现行盲文写出下列句子。

梅兰芳小时候去拜师学艺，师傅说他的眼睛没有神儿，不是唱戏的料子。

深蓝的天空中挂着一轮金黄的圆月，下面是海边的沙地，都种着一望无际的碧绿的西瓜。

雨是最寻常的，一下就是三两天。可别恼。看，像牛毛，像花针，像细丝，密密地斜织着，人家屋顶上全笼着一层薄烟。

7. 用国家通用盲文写出下列词语。

宽阔　　薄雾　　笼罩　　沸腾　　允许　　围墙

奔腾　　依旧　　恢复　　灿烂　　竹竿　　稿纸

规律　　缝隙　　照耀　　树梢　　静寂　　白茫茫

8. 将下列用国家通用盲文写出词语翻译为汉字明文。

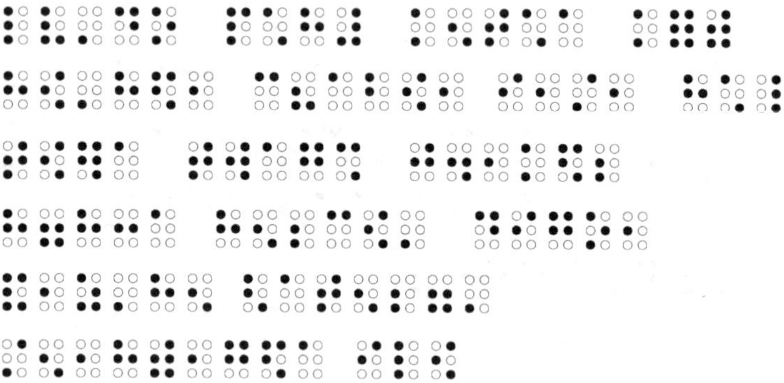

9. 用国家通用盲文写出下列句子。

人最宝贵的是生命，生命每个人只有一次。人的一生应当这样度过：当回忆往事的时候，他不会因为虚度年华而悔恨，也不会因为碌碌无为而羞愧。

月光如流水一般，静静地泻在这一片叶子和花上。薄薄的青雾浮起在荷塘里。叶子和花仿佛在牛乳中洗过一样；又像笼着轻纱的梦。

第三章

盲文的阅读与书写

本章教学目标

- 了解阅读盲文的规范。
- 了解常见的盲文书写工具。
- 掌握正确的盲文书写方法。

作为一种文字形式，盲人既需要阅读盲文来获取信息，也需要书写盲文来传递信息。因此，盲文的使用涉及盲文阅读和盲文书写两个方面。盲文的使用者除了盲人，还有一些明眼人。他们的不同视力状况和盲文需求，使他们在盲文使用上也存在明显差异。

第一节　盲文阅读

阅读盲文也即“看”盲文。盲文是盲人使用的文字形式，但由于特定工作或活动的需要，一些明眼人也会阅读盲文。虽然都是阅读盲文，但由于不同的视力状况、阅读能力和阅读需要，明眼人与盲人的盲文阅读方式差异较大。

一、明眼人阅读盲文

明眼人阅读盲文时，通常是用眼睛来看盲文。尽管通过学习和练习，明眼人也能够像盲人一样摸读盲文，但这需要花费相当多的时间和精力，加上明眼人用眼睛也可以识读盲文，因此，单从读懂盲文的角度而言，明眼人没有必要去摸读。当然，如果明眼人能够摸读盲文，将有助于他们更深入地理解盲人的盲文阅读活动。

盲文本质上是一种触摸识别的文字形式，盲文点无论是大小还是颜色，与纸张背景的差别非常小，明眼人在用眼睛识读盲文时，相对于普通的印刷文字，会更为吃力。使用一些技巧，可以帮助明眼人更轻松地阅读盲文。比如，阅读盲文时，可以将盲文书抬起，让纸面与视线形成 60 度左右的夹角，这样盲文点看起来更为清晰。阅读盲文时，还可以使用台灯加大光照，也能使盲文点看起来更为清晰和容易辨认。

二、盲人阅读盲文

盲人阅读盲文时，是通过手指触摸来进行的，所以称之为摸读。视障教育中所说的“以手代目”和法国教育家卢梭所说的“盲人的眼睛是长在手指头上的”，都是指盲人通过手指的触摸来识别盲文和其他许多事物。

盲人在摸读盲文时，一般是用食指和中指的末节指腹来摸读凸起的盲文点。摸读时，有规范的摸读姿势。首先，盲人身体端正，放松地坐在书桌前，书本平放在桌面上，书本的底边与课桌底边对齐或平行。其次，盲人双手自然地放在书本上，两前臂呈“八”字形，手掌向下压住书。再次，两个食指前端轻轻地接触点符，感知符形的点位；同时将左右手的中指和无名指略微弯曲，使它们的前端和食指的前端并齐轻轻地放在点子上，帮助食指辨别行次。最后，摸读时从左到右顺着行次移动，摸完一行再摸另一行。

在摸完一行，向下换行时，盲文的换行要较为复杂。当两个食指摸到一行的最后一方时，右手暂时不动，左手平行的下移到下面一行的最后一方，紧接着右手也移动到这一方。然后，左手沿着这一行的符形快速地移动到这一行第一方，紧接着右手食指也跳到这一方，两食指并拢。最后，从第一方开始，两食指从左向右一方方开始重复摸读过程。熟练摸读后，当左右手摸读到一行的中间位置时，右手继续前进，左手平行下移到下面一行的中间位置，然后快速地移动到这一行第一方，当右手食指摸到上面一行的最后一方后，直接跳到左手食指旁边，两食指并拢后从左向右一方方开始重复摸读过程。

摸读过程中，食指要轻按盲点，不可用力，以免压平凸点。摸读时，既要把握摸读速度，也要提高摸读的准确性，这需要学习相关的盲文知识，更需要大量的摸读练习。摸读熟练后，可以单手进行摸读，并且可以做到一只手摸读，另一只手抄写。

第二节　盲文的书写

盲文是一种特殊的文字形式，盲文的书写也有明显不同于明眼文字的地方，表现在盲文的书写工具与普通的纸笔不同，盲文的书写方法也有其特殊之处。

一、常见的盲文书写工具

当前，常见的盲文书写工具有三类，分别为盲字板、笔，盲文打字机和盲文打印机。盲字板、笔构造简单，成本低，携带方便，在国内使用得最为普遍，使用的历史也最为久远。盲文打字机使用较为快捷、方便，但构造较为复杂，成本也较高，体积较大，不方便携带，在国内盲校也有使用。盲文打印机构造最为复杂，且成本高、体积大，但使用最为快捷和方便。近年来，国内盲校和相关领域盲文打印机的使用日渐增多。

1. 盲字板、笔

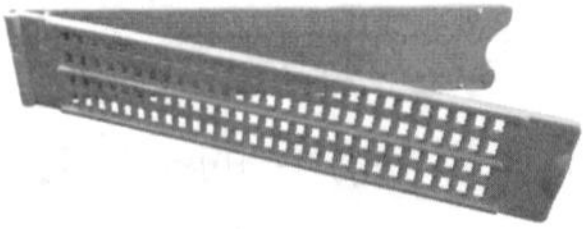

图 3－1 盲字板

图 3－2 盲字笔

盲字板也被称作点字板、写字板，是用金属或塑料制成的长方形书写工具。盲字板由上、下两片组成，用铰链连接。上片叫盖板，下片叫底板。盖板上分行排列着许多长方形的孔洞，一个孔洞就是一方。盲字板有不同的规格，包括四行板、六行板和二十七行板，尽管行数不同，但盖板上每行都是 28 方。底板上与每一方相对应的位置有六个球面凹槽，叫作点子模，是每方里六个点位所在的位置。在底板靠近四个角的位置，各有一个凸起的挂纸钉；在盖板上相应的位置，各有一个小孔洞，叫作挂纸钉眼（或挂纸钉孔）。当盖板和底板合起，挂纸钉就会插入挂纸钉眼中，将夹在盖板和底板之间的盲文纸固定住。在盲字板上与铰链相对的一端，盖板上有一个弧形凸起，底板上有一个弧形缺口，两者一起构成了盲字板的开口。要打开盲字板，就是从开口位置将盖板掀起。

盲字笔也被称为点字笔、锥子笔，由笔尖和笔柄两部分构成。笔柄呈扁球形或圆柱形，用塑料或木头制成；笔尖是金属质地，笔尖顶端为圆钝形，与底板上的点子模恰好吻合。

2. 盲文打字机

图 3-3 盲文打字机(正面)

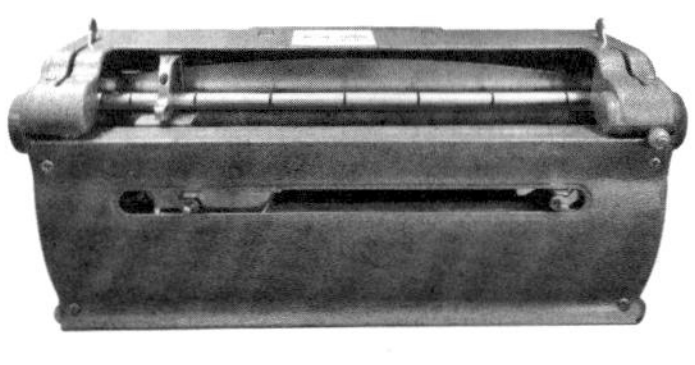

图 3-4 盲文打字机(背面)

盲文打字机类似于普通打字机，是一种手动的能打出凸起盲文点字的打字机器。在 20 世纪初，就发明了最早的盲文打字机。当前，国内使用较多的盲文打字机是美国帕金斯盲校生产的帕金斯盲文打字机。其结构部件和功能如下：

(1) 键盘

键盘位于打字机的正面，由左右两边各一个圆形的塑料部件、中间六个大小相同的长条形塑料部件和一个T形塑料部件组成。左边的圆形塑料部件为换行键。打字过程中，一行结束需要换行时，只要向下按动并松起此键即可。每按动一次，打字位置就向下前进了一行。当换行键无法再向下按动时，表示打字位置已经位于盲文纸的最后一行了。右边的圆形塑料部件为退方键(或倒方键)。打字过程中，向下按动此键并松起，打字位置就后退一方。键盘中间的T形塑料部件为空方键。打字过程中，向下按动此键并松起，打字位置就前进一方，原来位置的那一方保持空白，以满足空方的需要。需要空几方，就按动几次。空方键左右两边共六个长条形塑料部件为点位键。从空方键向左数，分别为点位1、2、3的点位键；从空方键向右数，分别为点位4、5、6的点位键。按动每个点位键，就可打出盲文符形中相应点位上的盲文点。如果一方中有多个盲文点，那么就需要同时按下相应的多个点位键。每按动一下点位键并松起，打字位置就会自动前进一方，不需要使用者再去控制。

(2) 进纸旋钮

机体左右两侧各有一个进纸旋钮。将进纸旋钮向键盘方向旋转，可将盲文纸卷入打字机内；将进纸旋钮向背向键盘的方向旋转，可将盲文纸从打字机内吐出。

(3) 压纸杆

压纸杆位于打字机的顶部，起到压纸的作用。用手将压纸杆朝背向键盘的方向推过去，就将盲文纸压住了；将压纸杆朝向键盘的方向拉过来，压住的纸就松开了。在压纸或松纸的操作中，都应将压纸杆放置到顶端位置。

(4) 卷纸滚轴

帕金斯盲文打字机有两根卷纸滚轴，都位于打字机滑动托架下方，其功能是将盲文纸卷入或推出打字机。上面一根卷纸滚轴由金属制成，表面上间隔地套有圆形橡胶圈，以准确固定盲文纸。下面一根滚轴外包一层橡胶，会随进纸旋钮而转动。

(5) 滑动托架、托架操纵杆和打字头

滑动托架、托架操纵杆和打字头三个部件连接在一起。滑动托架是金属制成的弧形部件，一头连接托架操纵杆，另一头连接打字头。托架操纵杆是勺状的塑料部件，位于打字机的正面、键盘的上方。通过移动托架操纵杆，可以移动打字头到需要的位置。移动托架操纵杆时，用右手的手指将操纵杆右端翘起部位向下轻压，使其处于水平位置，然后向左或向右移动到你所需要的位置，松开手后，托架操纵杆和打字头就固定在那里了。滑动托架移动时，打字机会发出轻微的咔嗒声，这是正常的机械噪声，对打字机没有伤害。为确保打字时滑动托架从左边限开始，建议使用者始终把托架操纵杆置于最左边。

(6) 左边距旋钮

左边距旋钮是一个带有丝齿的螺母,位于打字机背面左侧的一个0.5英寸(1.27厘米)长的夹缝中。其作用是调节打字过程中盲文纸左侧的边距。逆时针转动左边距旋钮,可以松开并左右移动左边距旋钮;顺时针转动旋钮,可以固定旋钮。当需要盲文纸左侧的边距为0.5英寸时,将左边距旋钮移动到最右边。当需要盲文纸左侧的边距为1英寸时,将左边距旋钮移动到最左边。如果需要0.5英寸到1英寸之间长度的左侧边距,那就将左边距旋钮置于中间相应的位置。确定好位置后,需要顺时针转动旋钮,以固定边距旋钮。

(7) 左、右边限栓和铃铛

左、右边限栓位于打字机背面的一条长槽中,左边的叫左边限栓,右边的叫右边限栓,都是由一个位于上方的金属片和一个位于下方的金属球组成。打字时,可根据纸张的尺寸或个人的需要调节左、右边限栓,以限定打字头活动的范围,起到限定行长和盲文位置的作用。调节左、右边限栓时,用一只手的食指和拇指同时捏住一个边限栓的金属片和金属球,就可在长槽内左右调节,到达所需位置后松开手,边限栓即固定住了。在设置左右边限栓之前,先在打字机中插入一张盲文纸,纸张的宽度就是你将要打字的宽度。为准确定位右边限栓的位置,先将打字头滑动到你想去设置右边限的位置。确保打字头仍在盲文纸上,因为如果它离右边太远,它可能会卡在边缘。移动右边限栓到左边,直到不能移动为止。左右适当调节一下,以确保它到达合适的位置。设置左边限栓位置时，先将打字头滑动到你想去设置的左边限的左侧一方，然后向右移动左边限栓，直到不能移动为止。设定边限后移动托架穿过边线，能确保边限正确设置。

另外右边限栓上带有提示铃铛。打字时一旦听到铃声响起，这是在提醒你，还有七方这行就打完了，该准备换行了。

3. 盲文打印机

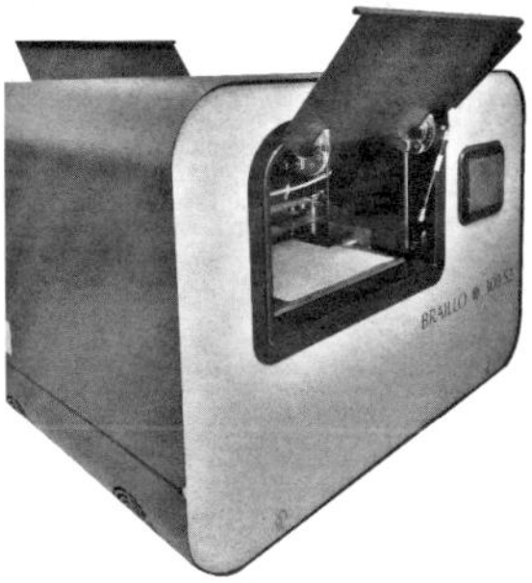

图 3－5 盲文打印机(正面)　图 3－6 盲文打印机(背面)

盲文打印机类似于普通打印机，也是与电脑相连接，由盲文软件驱动，实现自动打印盲文的一种盲文书写设备。与其他两类书写工具相比，盲文打印机不需要使用者手动书写，可快速、准确、自动化地打印盲文，但购置和使用成本较高，主要用于大批量制作盲文试卷、教材、书籍等，因此适合学校和盲文书籍出版部门。当前，国内学校使用较多的是挪威生产的 BRAILLO300 型和 BRALLO600 型盲文打印机。其结构部件和功能如下：

(1) 数据线和电源线

打印机自带两根数据线，一根 USB 数据线，用于连接电脑;一根网络数据线,用以连接网络。另有一根电源线,用以连接电源。

(2) 操作屏

操作屏是位于打印机正面的一块液晶显示屏。在操作屏上,可以选择和设置打印任务。操作屏也会显示相关的打印信息。在操作屏上,可以进行的操作包括:

① 以 0.5 英寸长的单位向前或向后移动纸张。

② 纸张向前移动一页。

③ 设置纸张长度。纸张长度范围从 4 英寸到 14 英寸。

④ 设置行长度。单个盲文行上可以包含的最大字符数范围从 10 到 42 方。

⑤ 设置单面打印或双面打印。

⑥ 设置纸张布局。有 Normal 和 Z-fold 两种模式。

⑦ 设置首页在上或在下。选择首页是在纸张的最上面还是在底部,其余的页面也会相应调整。

⑧ 设置盲文类型。有 6 点和 8 点两种模式。

⑨ 设置行间距。范围是从 0 到 16。16 是标准行间距(5.08 毫米或 0.2 英寸),8 是使点连续向下的设置(行间距为 2.54 毫米或 0.1 英寸)。行间距太小,打印过程中可能会损坏点。正常设置是 16。

⑩ 设置双行间距。有单行间距和双行间距两个选项。双行间距功能是给选定的行距加倍。例如,如果当前行间距是 13(4.1275 毫米),选择双行间距将增加到 26(8.2550 毫米)。正常设置是单行间距。

⑪ 设置页面调整。此设置将使每页上的行数减少 0 到 9 行。例如,如果最大行数为 29,并且选择设置“Max-4”,则结果行数将为 25。此功能将保留顶部边距不变,只有底部边距会有所不同。正常的设置是 0。

⑫ 设置进纸模式。在“普通进纸”或“不进纸”之间选择。正常设置是“普通进纸”。

⑬ 设置页边距。“页边距”功能将从 0 到 20 调整页边距。1 个单位为 0.6350 毫米,标准设置为 8。打印过程中,如果一页文本无法在一页盲文纸上打印完,这几行会自动换行到下一页打印。

⑭ 设置显示风格/皮肤。如果这台打印机的用户有低视力和/或发现操作屏幕有困难,可以改变背景和文字颜色以获得更好的对比度。

⑮ 设置操作面板上的背光强度。可以从 0 调节到 11。

⑯ 设置屏幕锁定之前的延迟。0 是屏幕锁定关闭。屏幕锁定关闭情况下,如果要开启延迟,首先按 1 键,再按 2 键。

操作屏上能够显示的信息包括:

① 显示两个不同的计数器。第一个显示打印的总页数,第二个显示主电机运行的小时数(打印机实际打印的时间)。

② 提示信息,包括消息、可恢复的错误和不可恢复的错误消息三类。消息包括磁铁故障;可恢复的错误包括打印机盖打开、打印机缺纸、按继续恢复;不可恢复的错误包括梁轮故障、磁铁架故障、进纸失败、非法的 ESC 顺序。

(3) 进纸口

进纸口在打印机的背面。进纸口有一个挡板，装纸和打印时将挡板掀起。盲文打印纸从进纸口装入打印机中。

(4) 出纸口

出纸口在打印机的正面，操作屏左侧。出纸口也有一个挡板，打印时可以将挡板掀起(也可以盖上)。打印过程中，打印后的盲文纸会从出纸口吐出。

(5) 纸张牵引机

纸张牵引机在进纸口与出纸口之间的平板上。其作用在于固定打印纸和移动打印纸。纸张牵引机的部件可以横向移动，以适应不同宽度的纸张，并改变左/右边距。

二、盲文书写工具的使用方法

相对于盲文阅读，盲文书写是一项更为复杂的活动。在书写盲文时，通常会涉及纸张安装和退出、书写、改错等活动。使用不同的书写工具，书写盲文的具体方法也会不同。

(一) 盲字板、笔的使用方法

用盲字板、笔书写盲文时，首先要把盲文纸安装到盲字板上，然后执笔，再书写。如果有书写错误，还要及时修改。书写完成后，还要把盲文纸从盲字板上取出。这一顺序活动，都有其规范的操作方法。

1. 装纸

装纸,又叫上板,就是将盲文纸安装到盲字板上。装纸的过程可分为三个步骤。

第一步,正确摆放盲字板。把盲字板平放在桌面上,底板在下,盖板在上;铰链在左,开口在右。用手从开口位置把盖板向左掀起,平放在桌面上。这样,盲字板的盖板在左,底板在右,铰链在中间,盲字板就正确地摆放在桌面上了。注意,盲字板平放在桌面时,不要将书本垫在下面,以免不平整。

第二步,放纸。用双手的拇指和食指捏着盲文纸上部靠近左右两个角的位置,把纸放在底板上,并调整纸张位置,使盲文纸的上边缘与底板的上边缘对齐,盲文纸的左边缘抵住铰链。此后,用右手将盲文纸轻按在底板上使其不要移动,左手将盖板掀起并盖回底板上,右手同时缓缓抽出。

第三步,盖板盖回底板后,两只手轻压盖板四个角的位置。当听到“咔嗒”声音时,说明挂纸钉已经把盲文纸刺穿,盲文纸已固定在盖板和底板之间。此时,装纸活动完成。

2. 执笔

装好纸后,接下来就可以执笔书写了。盲字笔的执笔方法与普通笔的执笔方法不同。盲字笔要用右手执笔。右手拇指和中指从左右两边夹住笔柄,食指越过笔柄顶端覆盖下来。笔柄顶端平面顶住食指靠手心处,食指末节伏在笔柄上,无名指和小指弯曲,轻靠在中指旁。书写时,要握紧笔柄,保持笔尖与纸面尽量垂直,起笔落笔的动作要直上直下、不偏不斜,用手腕控制笔的上下位置。

3. 书写

左手轻按盲字板，右手执笔，一方一方地书写。书写一方符形时，要按照符形中的点位顺序依次写出每个盲文点。如写 n(⠝)时，要先写第 1 点，然后写第 3 点、第 4 点，最后写第 5 点。

使用盲字板、笔书写盲文需要遵循“正摸反写”的要求。“正摸反写”包含两方面的含义。一方面，盲文纸上有凸点盲文的一面，为纸的正面；有凹点的一面，为纸的反面。在纸张正面摸读盲文，这为“正摸”；在纸张反面书写盲文，这为“反写”。另一方面，阅读盲文时的点位顺序与书写盲文时的点位顺序左、右相反。阅读盲文时，每一行都是从左向右一方一方读，每一方内部的点位顺序也是从左向右读，左边一列为 1、2、3 点，右边一列为 4、5、6 点。书写盲文时，每一行都是从右向左一方一方写，每一方内部的点位顺序也是从右向左写，右边一列为 1、2、3 点，左边一列为 4、5、6 点。

在一方内书写盲文时，先将盲字笔笔尖放在要写的第一个点位处，然后手腕向下用力，推动盲字笔笔尖顶端将盲文纸压到底板上的点子模中，形成盲文凸点，这样第一个盲文点就写出来了。接下来，将盲字笔笔尖沿着方内弧边滑动到要写的第二个点位处，重复前面的动作，就可以写出第二个盲文点。方内其他点位上的点用相同操作完成书写。第一方写完后，将盲字笔抬起放入第二方，重复第一方的书写方法即可。

4. 换字板

写完一板后，要向下行继续书写，就需要把盲字板向下移动到空白区域，这叫作换字板或换板。换字板时，先打开盖板，平放在桌面上，再用两只手的大拇指和食指捏着盲文纸下面两个挂纸钉位置，把盲文纸从底板上取出来，接下来把盲文纸平行地往上移动到底板上面两个挂纸钉位置，从下面两个挂纸钉眼位置将盲文纸套在上面两个挂纸钉上，然后用右手将盲文纸轻按在底板上，左手掀起盖板，盖回底板上。最后，两只手轻压盖板四个角的位置。当听到"咔嗒"声音时，说明挂纸钉已经把盲文纸刺穿，盲文纸已固定在盖板和底板之间，换板活动完成。

5. 改错

书写盲文时，通常会出现漏点、漏方、多方、错方四大类错误。不同类型的错误，有不同的改错方法。在改错过程中，盲字笔笔柄顶端平面可以用来抹平盲文点，起到类似橡皮擦的作用，但不可以用盲字笔笔尖戳掉盲文点或用指甲扣掉盲文点。

针对漏点的错误，先找到漏点的那一方，然后把盲文纸按原样重新装到盲字板上，再用盲字笔找到漏点的点位，把它们补上去即可。针对漏方或多方的错误，要先找到漏方或多方的位置，然后从需要改动的第一方起，用盲字笔把这一行后面几方盲文点都抹平，再把盲文纸按原样装回到盲字板上，从漏方或多方的位置开始重新写。针对错方的错误，先找到错方的位置，用盲字笔把这一方或几方错误盲文点都抹平，然后把盲文纸按原样装回盲字板上，再用盲字笔找到错方的位置，重新写这一方或几方即可。

（二）盲文打字机的使用方法

使用盲文打字机书写盲文，比使用盲字板、笔书写要略复杂，在装纸、书写（也叫打字）和改错等操作上也都与盲字板、笔有很大的不同。

1. 装纸

将盲文打字机平放在桌面上，键盘在前，背面在后，然后按以下步骤完成装纸活动。

第一步，将进纸旋钮向背向键盘的方向旋转，旋转到转不动为止。此时，打字机处于进纸状况。

第二步，将左边限栓固定于打字机最左侧，右边限栓固定于打字机最右侧，打字头移至最左侧。调节左边距旋钮到需要的位置并固定。

第三步，将压纸杆朝向键盘的方向拉动，拉到顶端位置为止。此时，压纸杆处于松纸状态。

第四步，拿起盲文纸，将其下端插入打字头与点字模块的空隙中，使纸的左边缘抵靠左边距旋钮，纸的下边缘抵住两个卷纸滚轴交接处。

第五步，用一只手将盲文纸轻压在撑纸板上，另一只手将压纸杆朝背向键盘的方向推到顶端位置，将盲文纸压住。

第六步，双手同时将左右两侧进纸旋钮向键盘方向旋转，旋转到转不动为止。正常情况下，打字机卷入 14 英寸（约

35.5 厘米)长的盲文纸后就会自动锁住,无法再卷入纸张,此时普通的盲文纸还会留有 3～4 厘米在打字机之外,所以不用担心纸张全部被卷入打字机。

第七步,根据纸张宽度和书写要求,调整左、右边限栓的位置并固定。如有需要,也可按动换行键,调节第一行的位置。

2. 打字

使用盲文打字机书写盲文时,使用者要身体端正地坐在打字机前,脚平放在地面,两手大臂下垂,手腕放平,手指弯曲不要平伸。操作键盘时,两手的食指、中指、无名指分别按动 1 和 4、2 和 5、3 和 6 点位键。拇指按动空方键,右手小指按动退方键,左手小指按动换行键。打字时,需按键的手指要用力下按,其余手指不要抬起,轻放在点位键上不用力即可。手指用力按下后,要快速松开,让键恢复正常状态。一方中有多个盲文点时,要同时按下相应的多个点位键并同时松开。

3. 改错

打字中出现错误后,可以立即进行改正,也可以等一页都打完后再修改。如果等一页都打完后再修改,那就需要重新装纸或者卷纸,并可能因行距误差而出现行错位的情况。因此,建议打完一行后立即检查、改正,改完后再打下一行。

改错时,针对漏点的错误,先找到漏点的那一方,然后按退方键将打字头退回到那一方,再将漏掉的点位补打上去即可。针对漏方或多方的错误，要先找到漏方或多方的位置，然后从需要改动的第一方起，以点字模板为底板，用打字机配套的修改笔将这一行后面几方盲文点都抹平，再按退方键将打字头退回到需要改动的第一方，重新打。针对错方的错误，先找到错方的位置，用打字机配套的修改笔将这一方盲文点抹平，然后按退方键将打字头退回到这一方，重新打。

4. 取纸

当一页纸打满或内容打完后，就需要将纸从打字机上取出。取纸时不能从打字机里直接拉扯盲文纸出来，这样会损坏打字机。从打字机上取出盲文纸有两种正确的方式。一种方式是使用换行键。连续按动换行键使盲文纸一行一行向外吐出，直到不能再吐出为止，表明盲文纸已到了最后一行。此时，拉起压纸杆后，即可用手取出盲文纸。另一种方式是使用进纸旋钮。将进纸旋钮向背向键盘的方向旋转，随着进纸旋钮的旋转，盲文纸不断地向外吐出，旋转到转不动为止。此时，拉起压纸杆后，即可用手取出盲文纸。

（三）盲文打印机的使用方法

1. 插入纸张

纸张应按以下步骤插入打印机：

（1）在打印机背面放一盒纸。

（2）将纸张插入两个纸张导板之间，然后穿过导纸板中的狭缝。插入大约一张纸的长度。转到打印机的前面。

(3) 调节牵引机的间距，以适应纸张的宽度。做法：打开牵引机外侧的控制杆，然后移动牵引机，使其适合纸张宽度，然后再关闭这个控制杆。

(4) 将纸张锁定在进纸牵引机上。通过使用 Fine adj.（精细调节）按钮，根据与所用纸张长度相对应的起始标记（凹槽）调整纸张。

(5) 转到打印机后部，小心地靠近纸张边缘调整两个导纸器。这是为了确保纸张能顺畅地通过打印机。

完成上述五步骤后，打印机纸张装好了，现在可以开始打印了。需要注意的是，如果打印作业期间打印机的纸张用完，请执行步骤(2)至(5)，而不要重启打印机。按“继续”按钮，打印机将从纸张用完的地方继续，而不会丢失任何文本。另外，打印机要使用带孔连续盲文打印纸。

2. 打印设置

当打印机通电时，您必须按操作面板上“✔”号按钮，才能使打印机准备就绪。按下“✔”号后，出现一个主窗口。在主窗口上，有精细调节按钮（Fine adj.）、主菜单按钮（Main menu）、纸张向前一页按钮（Form feed）、重置纸张计数器按钮（Reset cot），并有状态信息和纸张计数信息。

在主窗口上，可对纸张的进、退进行设置和调整，还可以进入主菜单，对打印格式、问题诊断、时间设置、声音、打印机设置、计数器等进行设置和调整。所有打印设置完成后，打印机的操作就完成了，接下来就可以开始打印。

3. 操作电脑

所有要打印的文本,需要事先在电脑中完成编辑。在编辑时,通常需要借助专用的盲文转换软件或盲文编辑软件,完成盲文的转换、输入和修改工作,最后点击"打印"命令,通过盲文打印机输出。当前,国内主要使用中国盲文出版社开发的"阳光软件"进行盲文转换和编辑。

如果文本中存在错误,不能在盲文打印机上直接修改,只能在电脑中完成文本修改,然后重新打印。

三、盲文书写时应注意的问题

1. 掌握书写工具的使用方法

不论哪种书写工具,在使用前,必须掌握书写工具的正确使用方法,然后才能按操作要求使用。不可以鲁莽使用,或违反操作要求使用,以免造成人身伤害或设备损坏。

使用盲字板、笔书写盲文时,要按照"正摸反写"的要求书写。使用盲文打字机和打印机书写盲文时,则不存在这种情况。

2. 爱护书写工具

书写工具的存放和使用环境要保持干净整洁,温度和湿度适宜,尤其是盲文打字机和打印机,要有固定的存放和使用场所。书写工具在使用过程中,要轻拿轻放,不频繁搬动,不违规操作。盲字板、笔要防止滚落、丢失,平时不玩弄、不敲打、不反折,写字时要轻开、轻合,字板上的挂纸钉不能摔坏。

课后习题

1. 用盲字板、笔书写一整板六点符形，书写时两方之间空一方。

2. 用盲字板、笔书写字母符形，书写时两方之间空一方。

3. 用盲文打字机书写字母符形，书写时两方之间空一方。

第四章

常用盲文数学符号

本章教学目标

- 能正确书写数字、字母。
- 能正确书写简单运算式。
- 能正确书写常用计量单位。

盲人要学习数学知识，就需要将数学领域的知识用盲文进行呈现。国际上主要有泰勒式、马尔堡式和聂美兹式三种数理符号体系。当前，国内使用的是在马尔堡式数理符号体系基础上制定的盲文数理符号。在基础盲文的学习过程中，需要掌握小学阶段常用的盲文数学符号，这能满足基础教育阶段的部分盲人教育实践的需要，并为更深入地学习数学等学科打下一定的基础。常用盲文数学符号的内容主要包括数字与字母、简单数学运算式以及计量单位。其中，盲文数字和字母是基础，在此基础上，再掌握简单的数学运算式。

第一节　数字与字母符形

一、数字

(一) 基本符号

阿拉伯数字符号(简称阿拉伯数号) ⠼

大写罗马数字符号(简称罗马数号) ⠠

小写罗马数字符号 ⠰

分节号 ⠄

小数点 ⠂

循环小数号 ⠐

(二) 数字书写规则

1. 每个阿拉伯数字和罗马数字前面必须使用对应的数字符号(简称数号)。从 0 到 9 十个基本的阿拉伯数字见表 4－1,七个基本的罗马数字见表 4－2。

表 4－1　阿拉伯数字及对应的符形

数字	符形	数字	符形
1	⠼⠁	3	⠼⠉
2	⠼⠃	4	⠼⠙

续 表

数字	符形	数字	符形
5	⠼⠑	8	⠼⠓
6	⠼⠋	9	⠼⠊
7	⠼⠛	0	⠼⠚

表 4－2 罗马数字及对应的符形

阿拉伯数字	大写罗马数字	符形	小写罗马数字	符形
1	I	⠠⠊	i	⠰⠊
5	V	⠠⠧	v	⠰⠧
10	X	⠠⠭	x	⠰⠭
50	L	⠠⠇	l	⠰⠇
100	C	⠠⠉	c	⠰⠉
500	D	⠠⠙	d	⠰⠙
1 000	M	⠠⠍	m	⠰⠍

2. 在书写由两位及以上的阿拉伯数字构成的整数时，先写一个阿拉伯数号，再从左到右按由高到低的顺序分别写出每个位级上的数字符形。如果整数中有分节号，那么就在数字中相应的位置写上分节号符形⠄，分节号前后不空方。如：

32 ⠼⠉⠃　579 ⠼⠑⠛⠊　1,025 ⠼⠁⠄⠚⠃⠑

3. 在书写罗马数字时，先写一个罗马数号，再按罗马数字的书写方式，从左到右分别写出对应的数字符形。1 到 20 的小写罗马数字如下：

1 i ⠰⠊	2 ii ⠰⠊⠊
3 iii ⠰⠊⠊⠊	4 iv ⠰⠊⠧
5 v ⠰⠧	6 vi ⠰⠧⠊
7 vii ⠰⠧⠊⠊	8 viii ⠰⠧⠊⠊⠊
9 ix ⠰⠊⠭	10 x ⠰⠭
11 xi ⠰⠭⠊	12 xii ⠰⠭⠊⠊
13 xiii ⠰⠭⠊⠊⠊	14 xiv ⠰⠭⠊⠧
15 xv ⠰⠭⠧	16 xvi ⠰⠭⠧⠊
17 xvii ⠰⠭⠧⠊⠊	18 xviii ⠰⠭⠧⠊⠊⠊
19 xix ⠰⠭⠊⠭	20 xx ⠰⠭⠭

4. 跟在阿拉伯数号后的数字点位平行下移一行成另一个符形时，表示序数。如：

⠼⠂ 表示第一　　⠼⠖ 表示第六

⠼⠆⠂ 表示第二十一

5. 在书写小数时，先写一个数号，再从左到右按由高到低的顺序分别写出每个位级上的数字符形。在小数中相应的位置写上小数点符形⠂，小数点前后不空方。如果小数中有循环数字，那么就将循环小数标志符⠐写在循环数位的前面，前后不空方。注意，无论循环小数有几个循环数位，只在第一个循环数位前加一个循环小数标志符即可。如：

0.3 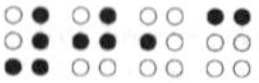　　23.98 

$1.\dot{2}$ 　　$0.5\dot{7}\dot{6}$ 

6. 分数包括一般分数和带分数两类。一般分数的写法：先写分子，按整数的写法来写；再写分母，即省略数号，将分母的数字点位下移一行。带分数的写法：先写整数部分，按整数的写法来写；再写分数部分，按一般分数的写法来写。需要注意的是，带分数中有两个数号，即整数部分一个，分数部分一个，且中间都不空方。如：

$\frac{3}{5}$ 　　$\frac{42}{17}$ 

$9\frac{1}{3}$ 　　$54\frac{19}{21}$ 

二、字母

数学里，常用字母包括拉丁字母和希腊字母。拉丁字母和希腊字母又分为大写和小写两种形式。字母和数字可以组合在一起使用。

（一）基本符号

小写拉丁字母号 

大写拉丁字母号 

小写希腊字母号 

大写希腊字母号 

(二) 书写规则

1. 在书写拉丁字母时，字母前面要先书写对应的小写拉丁字母号或大写拉丁字母号，然后再书写拉丁字母符形。拉丁字母及对应的符形见表 4－3。

表 4－3　拉丁字母符形表

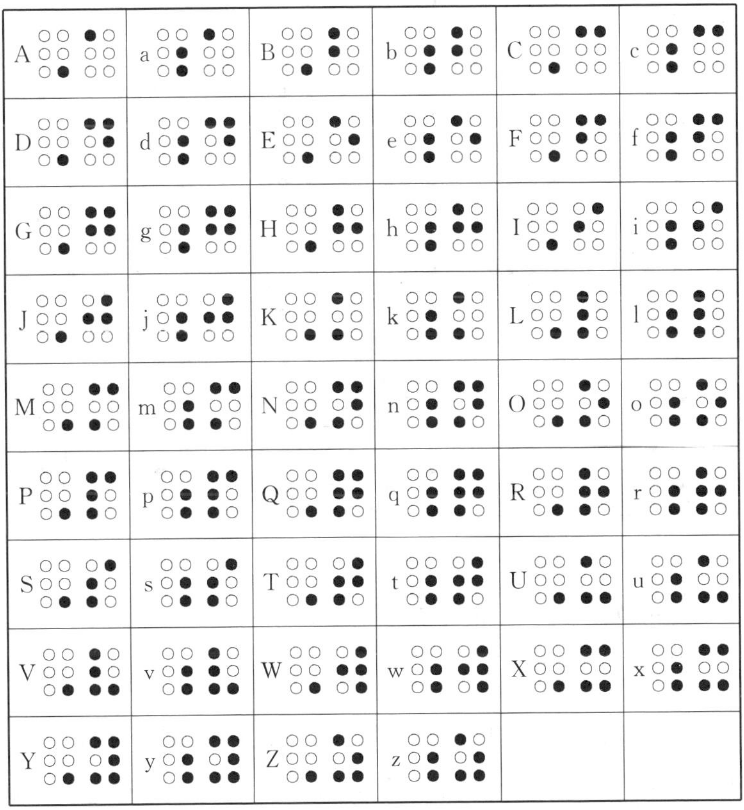

2. 在书写希腊字母时，字母前面要先书写对应的小写希腊字母号或大写希腊字母号，然后再书写希腊字母符形。希腊字母及对应的符形见表 4－4。

表 4－4　希腊字母符形表

Α ⠸⠁	α ⠨⠁	Β ⠸⠃	β ⠨⠃	Γ ⠸⠛	γ ⠨⠛
Δ ⠸⠙	δ ⠨⠙	Ε ⠸⠑	ε ⠨⠑	Ζ ⠸⠵	ζ ⠨⠵
Η ⠸⠱	η ⠨⠱	Θ ⠸⠹	θ ⠨⠹	Ι ⠸⠊	ι ⠨⠊
Κ ⠸⠅	κ ⠨⠅	Λ ⠸⠇	λ ⠨⠇	Μ ⠸⠍	μ ⠨⠍
Ν ⠸⠝	ν ⠨⠝	Ξ ⠸⠭	ξ ⠨⠭	Ο ⠸⠕	ο ⠨⠕
Π ⠸⠏	π ⠨⠏	Ρ ⠸⠗	ρ ⠨⠗	Σ ⠸⠎	σ ⠨⠎
Τ ⠸⠞	τ ⠨⠞	γ ⠸⠥	υ ⠨⠥	Φ ⠸⠋	φ ⠨⠋
Χ ⠸⠯	χ ⠨⠯	Ψ ⠸⠽	ψ ⠨⠽	Ω ⠸⠺	ω ⠨⠺

3. 数字和字母结合使用时，数字按数字写法来写，字母按字母的写法写。中间不要空方。如：

2a ⠼⠃⠰⠁　　　　4π ⠼⠙⠨⠏

4. 数字和字母结合使用时，如果同类型的多个字母连写，只在第一个字母前加字母号；如果不同类型字母连写时，要分别使用不同的字母号。如：

76efg ⠼⠛⠋⠰⠑⠋⠛　　34Bd ⠼⠉⠙⠠⠃⠰⠙

2πr ⠼⠃⠅⠏⠰⠗　　8βz ⠼⠓⠨⠃⠰⠵

5. 数字和字母结合使用时，如果数字与字母不发生混淆，那么小写拉丁字母号可以省略不写。如：

19x ⠼⠁⠰⠭　　84my ⠼⠓⠙⠍⠽

5d ⠼⠑⠰⠙（不能省略小写拉丁字母号，以免与数字 54 混淆）

第二节　简单运算式

一、常见运算符号

（一）基本符号

加号/正号 ＋ ⠖

减号/负号 － ⠤

乘号 × ⠦

除号 ÷ ⠲

等号 ＝ ⠶

点乘号 · ⠄

约等号 ≈ ⠢⠢

比号 ： ⠐⠒

加减号/正负号 ± 

减加号/负正号 ∓ 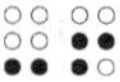

(二) 书写规则

1. 加号、减号、乘号、除号、等号、约等号、加减号、减加号在书写时,前空一方,后不空方。如:

5+4=9 

13−6=7 

7÷8≈0.9 

3x+2=24 

2. 点乘号、比号在书写时,符号前后均不空方。如:

x∶y=2 

2a·3c=6ac 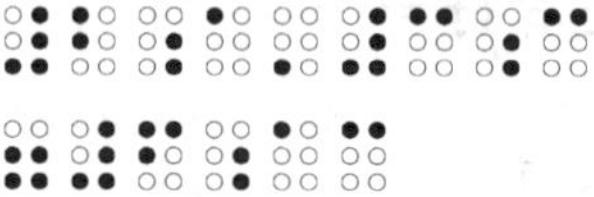

3. 带有正号、负号、正负号、负正号的数字在书写时,正号、负号、正负号、负正号的符形要写在数号的前面。正号、负号、正负号、负正号一般要前空一方,后不空方。但是,当他们出现在等号后边时,则不需要空方。如:

−3x+7y=2 

−6+2=−4 

4. 分步骤进行四则混合运算时,盲文的书写格式一般为:行首先空一方抄写题目,计算步骤分别另起一行书写,每一步中的等号都要行首顶格书写,并且上下对齐。如:

6×7+3　⠼⠋ ⠦⠼⠛ ⠖⠼⠉

=42+3　⠶⠼⠙⠃ ⠖⠼⠉

=45　⠶⠼⠙⠑

5. 解方程时，盲文的书写格式一般为：行首顶格抄写题目，计算的每一步骤也分行顶格书写，不必要求等号对齐。如：

3x−2=25　⠼⠉⠭ ⠤⠼⠃ ⠶⠼⠃⠑

3x=27　⠼⠉⠭ ⠶⠼⠃⠛

x=9　⠭ ⠶⠼⠊

二、括号

(一) 基本符号

圆括号(小括号)( )　⠣ ⠜

方括号(中括号)[ ]　⠷ ⠾

波形括号(大括号){ }　⠪ ⠕

行分隔号　⠨⠳

(二) 书写规则

1. 括号在使用时，符号前后一般不空方。如果波形括号与拉丁字母 o 出现在一个表达式中，则字母 o 前必须加字母号。如果括号的关号部分后面所接的运算符号需要前空一方，那么括号的关号部分与此运算符号之间就空一方。如：

(5＋x)(7－y)＝8

2. 如果含有括号的四则混合运算式较长，一行写不下，不得不转到下一行继续写，那么在这种情况下，通常采用带运算符号换行的方法，即选择在要求前空方的运算符号处换行，把该运算符号写在下一行行首，然后再按规则继续书写后面的内容。如：

[981÷(210＋54)]×(11＋36÷4－8)＋20

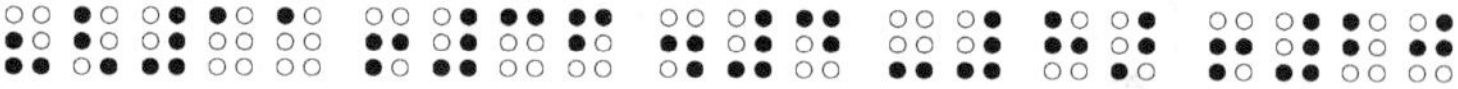

3. 用一个大括号括起来的几行运算式，在书写时可以使用两种方法来书写。第一种方法：直接按照明文格式书写，即在几行运算式的左边用⠏、⠇、⠇……⠧等符形将几行运算式括起来。如果一个运算式在一行写不完，则换行书写时要缩进两方。第二种写法：横式书写方法，即先写大括号的开号部分，然后写第一行运算式，写完后加一个行分隔号(行分隔号前后不空方)，再写第二行运算式，依此类推，在最后一行运算式的后面写大括号的关号部分。

$$\begin{cases} 2x+y=7 \\ y-z=0 \\ 4y+2x+z=16 \end{cases}$$

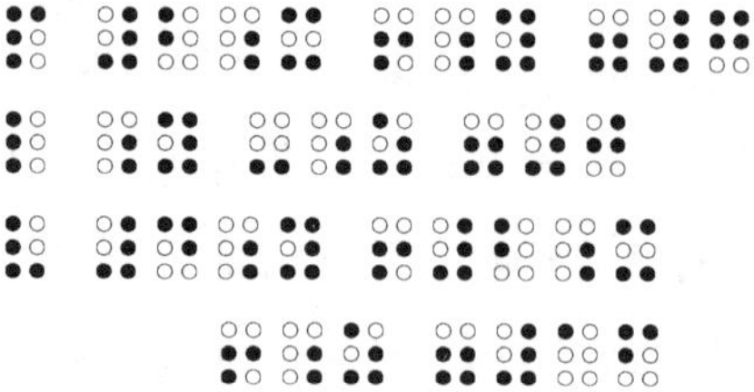

三、绝对值号和不等式号

(一) 基本符号

大于号（>）⠕

小于号（<）⠪

不大于号（≯）⠈⠕

不小于号（≮）⠈⠪

大于等于号（⩾）⠕⠶

小于等于号（⩽）⠪⠶

不等号（≠）⠈⠶

绝对值号（| |）⠸　⠸

(二) 书写规则

1. 书写大于号、小于号、不大于号、不小于号时，符号前后都要空方。如：

3b>25　⠼⠉⠰⠃ ⠕ ⠼⠃⠑

x+y≮a−b　⠰⠭ ⠖⠰⠽ ⠈⠪ ⠰⠁ ⠤⠰⠃

2. 书写大于等于号、小于等于号时，符号前面要空方，后面不空方。如：

x⩾0　⠰⠭ ⠕⠶⠼⠚

3⩽a+b　⠼⠉ ⠪⠶⠰⠁ ⠖⠰⠃

3. 书写不等号时，前后都不空方。如：

c≠5　　⠰⠉⠈⠶⠼⠑

4. 书写绝对值符号时，绝对值符号开号后、关号前都不要空方。如绝对值符号开号部分前面的运算符号需要后空一方，那么开号部分与此运算符号之间就空一方；如果不需要空方，那么开号部分与此运算符号之间就不空方。如绝对值符号关号部分后面的运算符号需要前空一方，那么关号部分与此运算符号之间就空一方；如果不需要空方，那么关号部分与此运算符号之间就不空方。绝对值中表达式如带有字母，则字母前必须加字母号。如：

|6+x|=29　　⠸⠼⠋ ⠖⠰⠭⠸ ⠶⠼⠃⠊

y−|x|>8　　⠰⠽ ⠤⠸⠰⠭⠸ ⠕ ⠼⠓

四、单位符号

（一）基本符号

数学里常用的计量单位既有文字名称，通常也有对应的符号，而这些符号也有其对应的盲文符形。常用的计量单位对应的盲文符形见表 4 - 5。

表 4 - 5　常用计量单位的盲文符形

单位名称	符号	符　形
单位连号		⠤
度号	°	⠐⠴

续 表

单位名称	符号	符 形
分号	′	⠐⠔
秒号	″	⠐⠔⠔
摄氏度	℃	⠐⠴⠠⠉
百分号	%	⠼⠚⠴
千分号	‰	⠼⠚⠴⠴
公里	km	⠰⠅⠍
米	m	⠰⠍
分米	dm	⠰⠙⠍
厘米	cm	⠰⠉⠍
毫米	mm	⠰⠍⠍
平方千米	km^2	⠰⠅⠍⠌⠆
平方米	m^2	⠰⠍⠌⠆
平方厘米	cm^2	⠰⠉⠍⠌⠆
立方米	m^3	⠰⠍⠌⠒

续表

单位名称	符号	符　形
立方厘米	cm^3	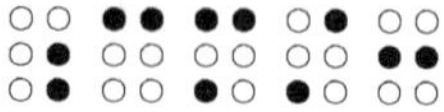
升	l	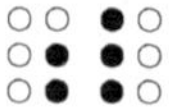
毫升	ml	
吨	t	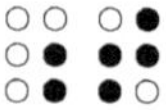
公斤	kg	
克	g	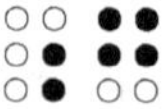
毫克	mg	

（二）书写规则

1. 数字后接有文字书写的单位名称时，如果单位名称是一个字（音节），那么数字与单位名称之间用单位连号（）连写；如果单位名称多于一个字，那么数字与单位名称之间分写。如：

12 平方厘米　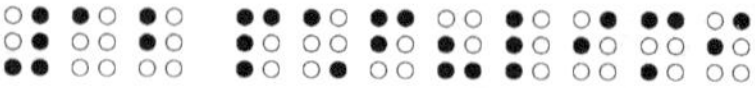

1 分钟＝60 秒　

2. 数字后接表中单位符号符形时，直接连写不空方。单位符号符形与后面的词语之间空一方，但连续使用度、分、秒时，后面不用空方。如：

90°5′6″ 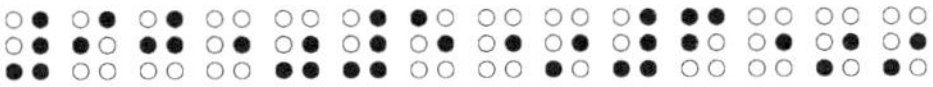

（度、分、秒之间不空方，且每个数字前都要有数号）

37 ℃ 

50 km 

23 cm^3 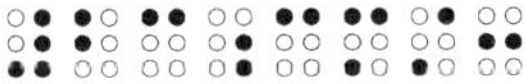

3. 时间用的标号（:），盲文里省略不写，将两个数字直接连在一起即可。如：

8:30 

11:09 

4. 计量单位符号与标点符号之间不空方。如：

水槽的容积为 15 m^3。

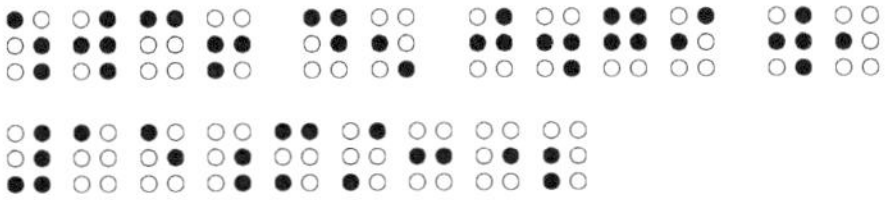

课后习题

1. 写出下列数字和字母对应的盲文符形。

8　　43　　134　　第五　　$\frac{3}{4}$　　$5\frac{13}{29}$

1.29　　5xy　　2πr　　9ab

2. 写出下列盲文符形对应的数字和字母。

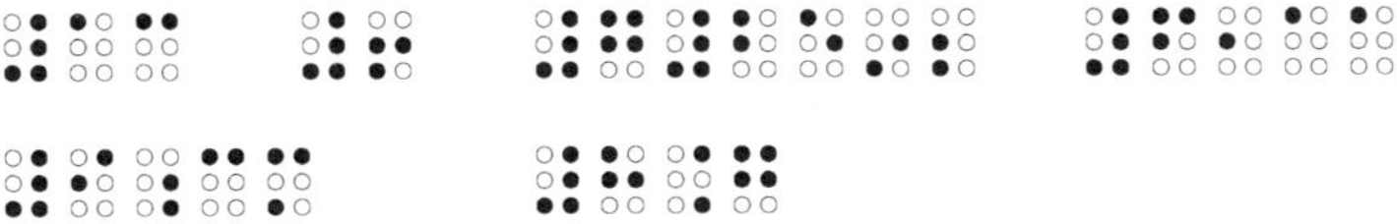

3. 写出下列运算式对应的盲文符形。

$12\div4=3$　　$1.2\times5=6$　　$23+2\times8\div4-7=20$

$9x-1=8$　　$2x+6y=21$　　$\begin{cases}2x+y=7\\y-1=1\end{cases}$

4. 写出下列不等式对应的盲文符形。

$2x>y$　　$\frac{1}{2}<\frac{2}{5}$　　$2z\ngtr x$

$9a\neq81$　　$3<n<12$　　$3m\leqslant7b-4$

5. 写出下列值对应的盲文符形。

25 立方米　　1 分钟=60 秒　　$54°12'13''$

36.5 ℃　　153 km^2　　49 cm^3　　11:30

第五章 英语盲文

本章教学目标

- 理解英语盲文的构成。
- 掌握英语字母、常用标点符号和排字号的符形和写法。
- 掌握二级盲文中常用单词、字母组合的简写符形。
- 能读写英语盲文。

英语盲文是英语文字的盲文版。与汉语盲文不同，英语盲文是将英语单词中的字母或字母组合用对应的盲文符形来表示，因此英语盲文呈现的是英语文字本身，而不是其读音。当前，英语盲文有一级盲文（uncontracted braille、Alphabetic Braille，非缩略盲文或字母盲文）和二级盲文（contracted braille，简写盲文或缩略盲文）两种。我国普遍使用的是英语一级盲文，英美等国使用最为普遍的是二级盲文。

第一节 英语一级盲文

英语一级盲文是直接用不同的盲文符形呈现英语单词中

的各个字母，以及语句中的各种符号。英语一级盲文包括 26 个字母的符形、标点符号的符形和排字符号的符形三类。在英语国家，低年级盲童初学盲文时，会学习英语一级盲文。20 世纪 90 年代后，在高年级使用一级盲文的观点和实践开始增多。把英语作为第二语言学习的人也主要使用英语一级盲文。

一、字母符形

26 个英语字母对应的符形见表 5－1。英语字母符形与汉语拼音中声母、韵母的符形有相似的，也有不同的，不要将两者混淆。

表 5－1　英语字母符形

字母	符形	字母	符形	字母	符形
a	●○ ○○ ○○	j	○● ●● ○○	s	○● ●○ ●○
b	●○ ●○ ○○	k	●○ ○○ ●○	t	○● ●● ●○
c	●● ○○ ○○	l	●○ ●○ ●○	u	●○ ○○ ●●
d	●● ○● ○○	m	●● ○○ ●○	v	●○ ●○ ●●
e	●○ ○● ○○	n	●● ○● ●○	w	○● ●● ○●
f	●● ●○ ○○	o	●○ ○● ●○	x	●● ○○ ●●
g	●● ●● ○○	p	●● ●○ ●○	y	●● ○● ●●
h	●○ ●● ○○	q	●● ●● ●○	z	●○ ○● ●●
i	○● ●○ ○○	r	●○ ●● ●○		

英语一级盲文是将单词中的各个字母直接用字母对应的符形代替,单词内部不空方,单词与单词之间空一方。因此,英语一级盲文非常简单,掌握了 26 个字母对应的符形,就可以书写英语一级盲文了。阅读时,将一个单词里每个符形对应的字母识读出来,就可以拼读出一个单词。单词拼读时涉及的音标符形见表 5-2。

表 5-2 48 个国际音标的符形

音标	符形	音标	符形
[iː]	⠠⠶⠊⠒⠶⠄	[u]	⠠⠶⠥⠶⠄
[i]	⠠⠶⠊⠶⠄	[ei]	⠠⠶⠑⠊⠶⠄
[e]	⠠⠶⠑⠶⠄	[ai]	⠠⠶⠁⠊⠶⠄
[æ]	⠠⠶⠩⠶⠄	[ɔi]	⠠⠶⠕⠊⠶⠄
[ʌ]	⠠⠶⠬⠶⠄	[au]	⠠⠶⠁⠥⠶⠄
[ə]	⠠⠶⠣⠶⠄	[əu]	⠠⠶⠣⠥⠶⠄
[əː]	⠠⠶⠣⠒⠶⠄	[iə]	⠠⠶⠊⠣⠶⠄
[ɑː]	⠠⠶⠡⠒⠶⠄	[ɛə]	⠠⠶⠜⠣⠶⠄
[ɔː]	⠠⠶⠕⠒⠶⠄	[uə]	⠠⠶⠥⠣⠶⠄
[ɔ]	⠠⠶⠕⠶⠄	[p]	⠠⠶⠏⠶⠄
[uː]	⠠⠶⠥⠒⠶⠄	[t]	⠠⠶⠞⠶⠄

续　表

音标	符　形	音标	符　形
[k]	⠠⠶⠅⠶⠄	[r]	⠠⠶⠗⠶⠄
[b]	⠠⠶⠃⠶⠄	[tʃ]	⠠⠶⠞⠱⠶⠄
[d]	⠠⠶⠙⠶⠄	[tr]	⠠⠶⠞⠗⠶⠄
[g]	⠠⠶⠛⠶⠄	[ts]	⠠⠶⠞⠎⠶⠄
[f]	⠠⠶⠋⠶⠄	[dʒ]	⠠⠶⠙⠮⠶⠄
[s]	⠠⠶⠎⠶⠄	[dr]	⠠⠶⠙⠗⠶⠄
[ʃ]	⠠⠶⠱⠶⠄	[dz]	⠠⠶⠙⠵⠶⠄
[θ]	⠠⠶⠹⠶⠄	[m]	⠠⠶⠍⠶⠄
[h]	⠠⠶⠓⠶⠄	[n]	⠠⠶⠝⠶⠄
[v]	⠠⠶⠧⠶⠄	[ŋ]	⠠⠶⠯⠶⠄
[z]	⠠⠶⠵⠶⠄	[l]	⠠⠶⠇⠶⠄
[ʒ]	⠠⠶⠮⠶⠄	[j]	⠠⠶⠚⠶⠄
[ð]	⠠⠶⠻⠶⠄	[w]	⠠⠶⠺⠶⠄

注：音标符形中的符形“⠠⠶　　⠶⠄”为方括号[ ]的符形。

二、常用标点符号

英语标点符号的用法遵循英语明眼文字的使用规则。其符形和写法都与汉语盲文标点符号存在差异。使用时不要与汉语盲文标点符号混淆。

1. 逗号(,) ⠂

书写规定：逗号与前面的词语之间不空方，与后面的词语之间空一方。如：

It was the best of times, it was the worst of times.

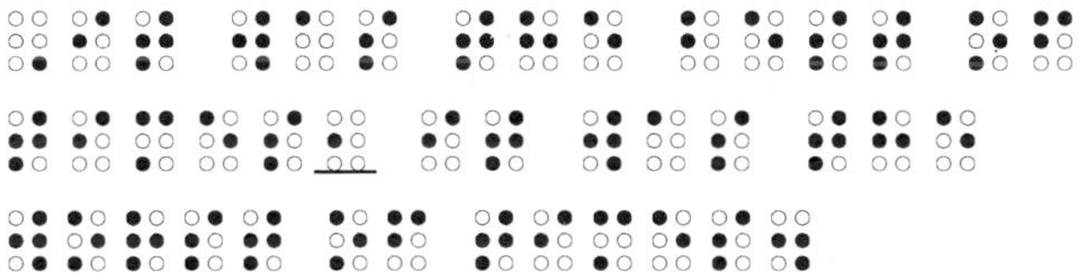

2. 句号(.) ⠲

书写规定：句号与前面的词语之间不空方，与后面的词语之间空一方。如：

Love is the eternal search. Love is eternal when we find it.

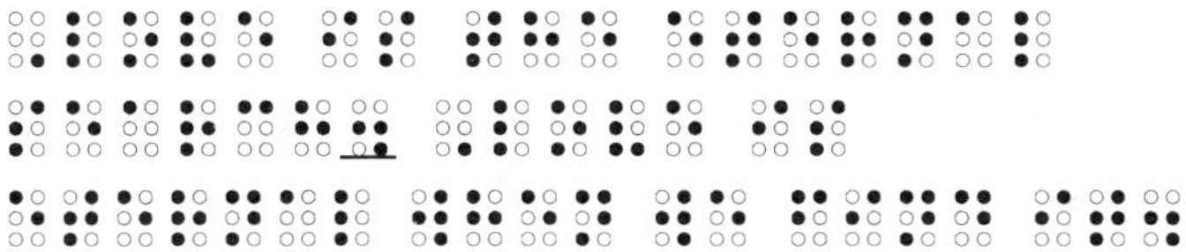

3. 问号(?) ⠦

书写规定：问号与前面的词语之间不空方，与后面的词语之间空一方。如：

What is love? The question we all carry around deep within our heart.

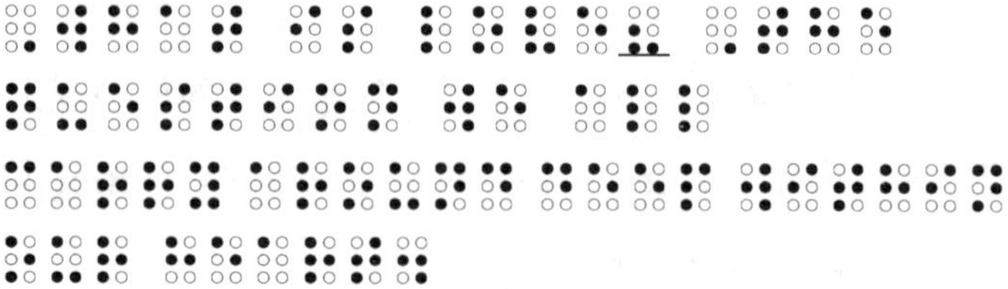

4. 叹号(!) 

书写规定:叹号与前面的词语之间不空方,与后面的词语之间空一方。如:

Believe it! It is real!

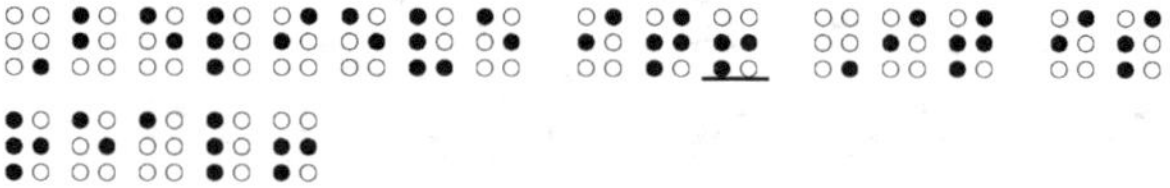

5. 冒号(:) 

书写规定:冒号与前面的词语之间不空方,与后面的词语之间空一方。如:

You must study to be frank with the world: frankness is the child of honesty and courage.

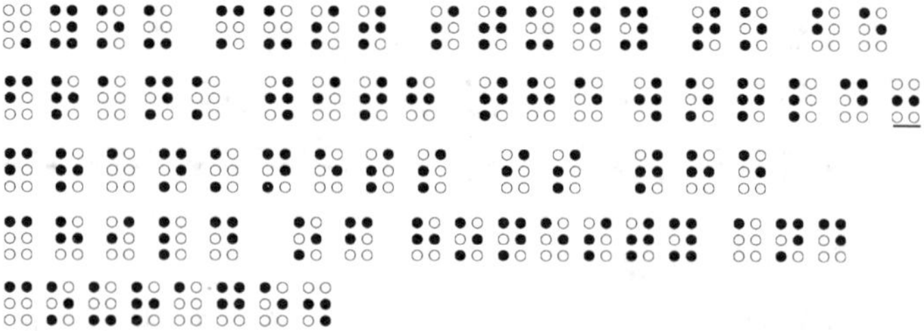

6. 分号(;) 

书写规定:分号与前面的词语之间不空方,与后面的词语之间空一方。如:

Darkness would make him more appreciative of sight; silence would teach him the joys of sound.

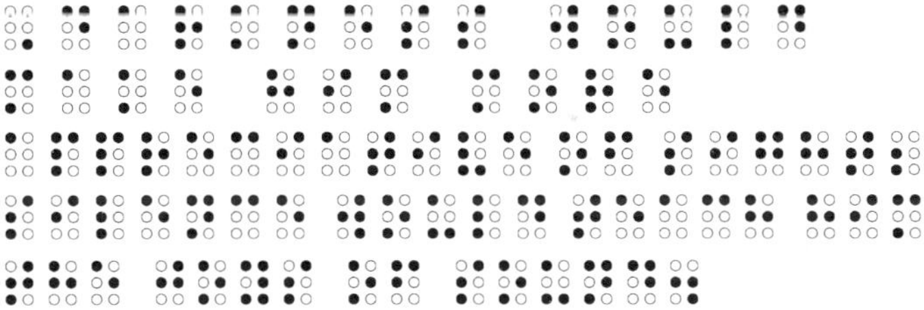

7. 简写号(.) 

书写规定:简写号与前、后词语之间都不空方。如:

Mr. Smith is very efficient.

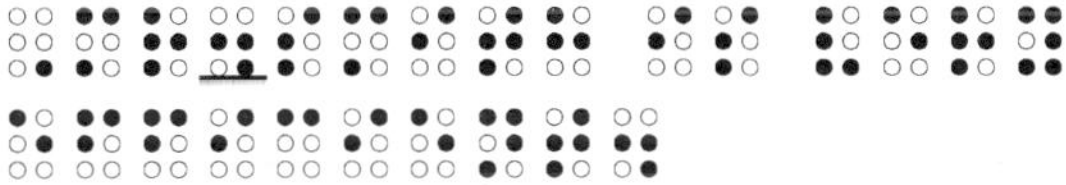

8. 破折号(—) 

书写规定:破折号与前、后词语之间都不空方。如:

Now only one thing is want—a refrigerator.

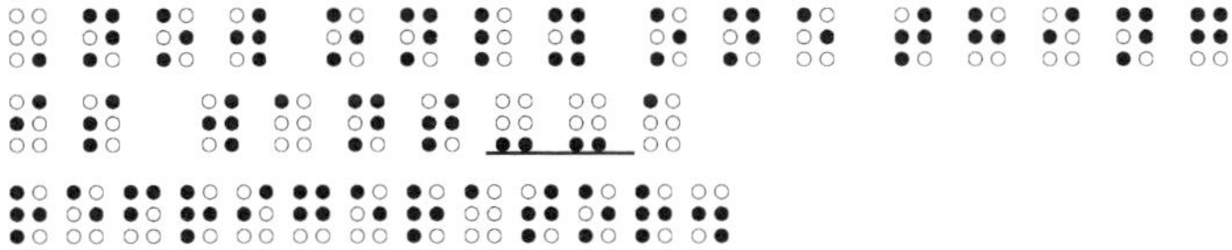

9. 省略号(...) 

书写规定：省略号与前面的词语之间不空方，与后面的词语之间空一方。如：

I am considering whether to accept his proposal ... Yes, I will.

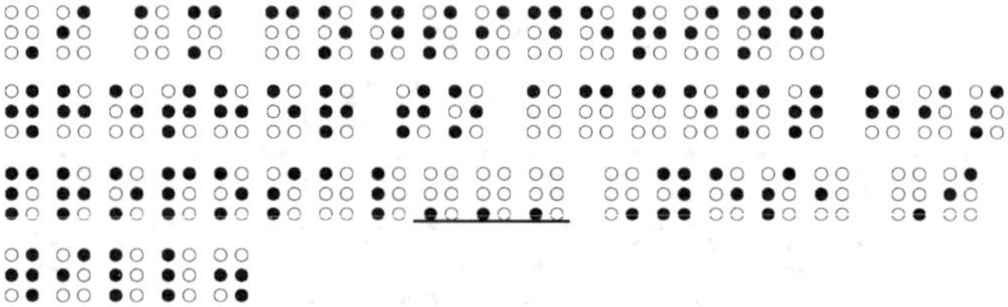

10. 连字号(-) 

书写规定：连字号与前、后词语之间都不空方。如：

More than 200 passengers have been infected with COVID-19.

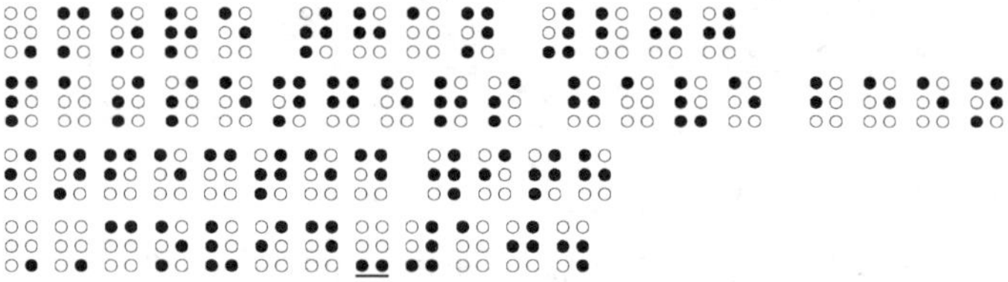

11. 双引号(“ ”)  单引号(‘ ’) 

书写规定：双引号的开号前、关号后都空一方。单引号的开号前、关号后都不空方。如：

He replaced the word “but” with another word.

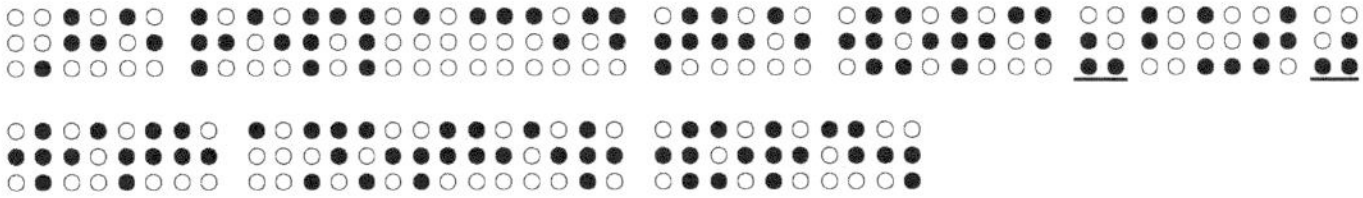

He said, “Tom said ‘I know’, so I didn’t say it.”

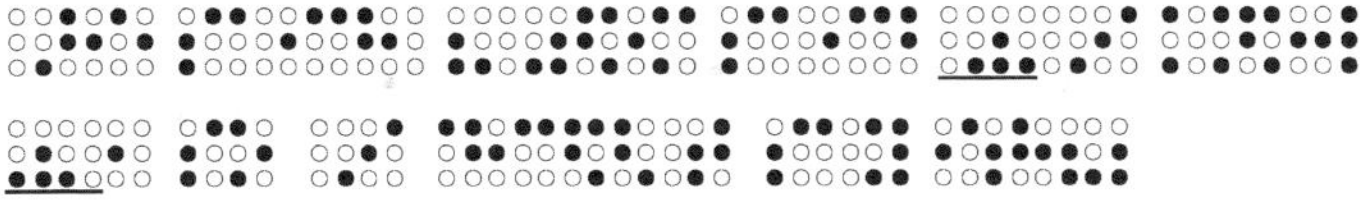

12. 圆括号(( ))  、方括号(⌊ ⌋) 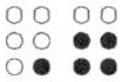 

书写规定:圆括号的开号前、关号后都空一方。方括号的开号前、关号后都不空方。如:

World Health Organization (WHO) advises people not to gather.

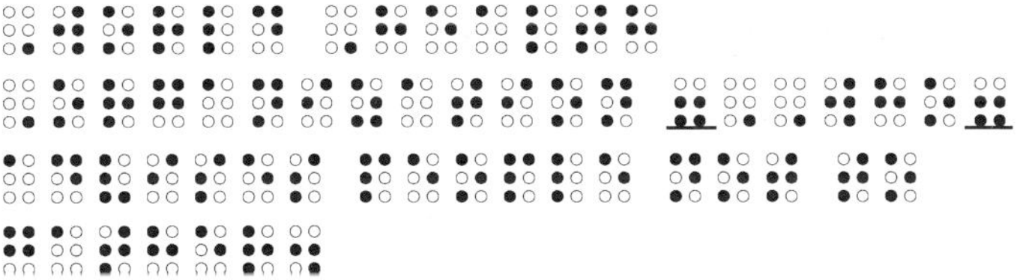

This is the colour [red] that she wants.

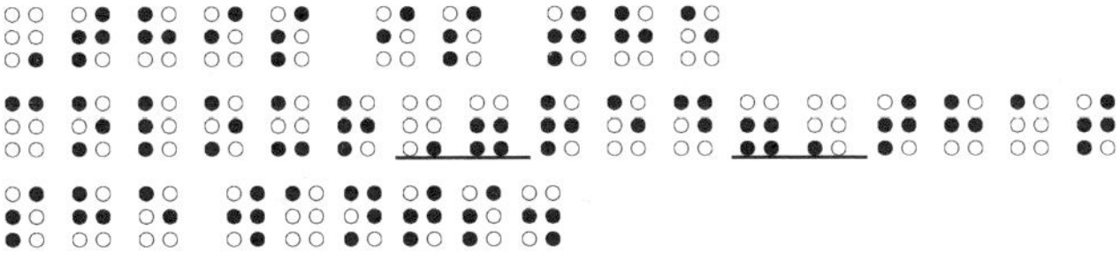

13. 所有格号(’) 

书写规定:所有格号与前、后词语之间都不空方。如:

Tom’s best friend is Mary.

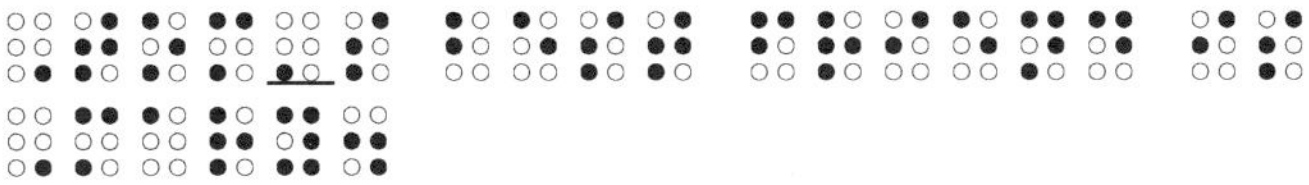

14. 省写号(’) 

书写规定：省写号与前、后词语之间都不空方。如：

It’s time for lunch.

三、排字符号

排字符号是盲文要表示明眼文字字体变化的意义而特别设计的符号。在明眼文字中，可直接看到文字字体的变化，不需要使用排字符号，但盲文需要用到。

1. 大写号 

书写规定：用在需要大写的字母前面，前后都不空方。一个大写号只表明后面的一个字母要大写。如果整个单词要大写，就需要连续两个大写号。如：

I learn English from VOA.

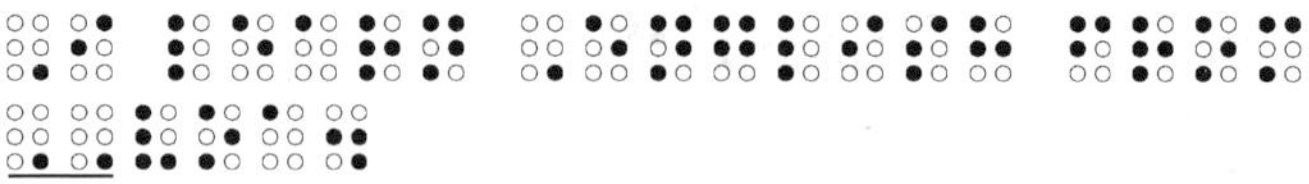

2. 斜体号 

书写规定：用在需要斜体的一个单词前面，前空一方，后不空方。如：

Ang Lee’s *Life of Pi* wins four Oscars.

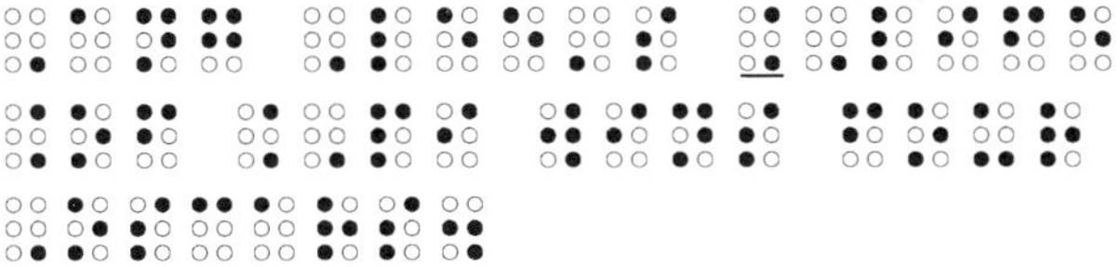

3. 双斜体号

书写规定：用在需要斜体的连续多个单词或一句话前面，前空一方，后不空方。在需要斜体的最后一个单词前加号表示斜体到此结束。如：

She is reading *Gone With the Wind*.

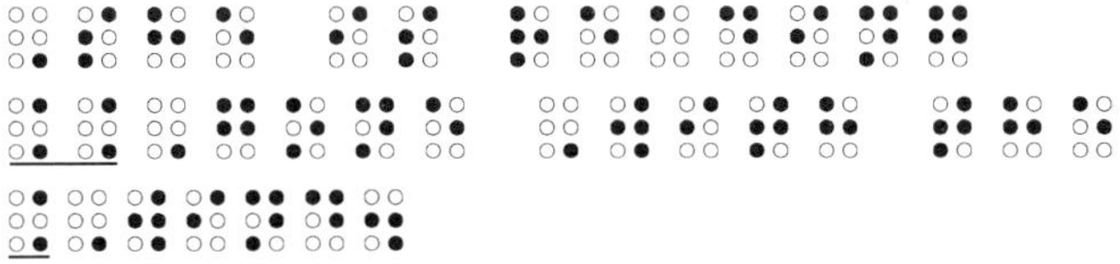

四、常用单位符号

1. 百分号（%）

2. 阿拉伯数字号（#）

3. 英镑（£）

4. 美元（$）

5. 英尺(ft)（′）

6. 英寸(in)（″）

7. 盎司（oz）

8. 磅(lb)⠇⠃

9. 星号(*)⠔⠔

10. 人民币(¥)⠈⠽

第二节　英语二级盲文

英语二级盲文被认为是标准的英语盲文。当前，绝大部分的教科书和出版物以及公共场所的标志都使用二级盲文。在英、美等国，大多数盲生从幼儿园阶段就开始学习和使用二级盲文。在二级盲文中，单独一方或几方结合使用，构成一个词或一个结构，简化了一级盲文的读写，提高了读写效率。

英语二级盲文是在一级盲文的基础上简写而成，简写的方式包括整个单词一方简写、整个单词多方简写、字母组合简写等。

一、单词一方简写

单词一方简写指用一方盲文符形表示整个单词的简写方式。英语二级盲文中有 36 个常用单词用一方简写表示。详见表 5-3。

表 5 - 3 单词的一方简写符形

单词	简写符形	单词	简写符形	单词	简写符形
as	⠵	in	⠔	so	⠎
but	⠃	it	⠭	still	⠌
by	⠴	just	⠚	that	⠞
can	⠉	knowledge	⠅	this	⠹
child	⠡	like	⠇	to	⠖
do	⠙	more	⠍	us	⠥
enough	⠢	not	⠝	very	⠧
every	⠑	out	⠳	was	⠴
from	⠋	people	⠏	were	⠶
go	⠛	quitc	⠟	which	⠱
have	⠓	rather	⠗	will	⠺
his	⠦	shall	⠩	you	⠽

注:into 的简写符形为⠔⠖。

36 个一方简写单词中,有 21 个是用原单词首字母符形来表示。enough、his、in 这 3 个单词是用单词首字母的符形点位下移一行表示。it、as 两词的首字母 a 和 i 本身就是常用单词,无法用来表示 it、as 两词。其余的 10 个词,或是因为首字母已经被使用,或是因为特殊规定,也无法使用首字母符形。因此，有 12 个单词没有使用首字母，而是使用了其他一方符形来表示。另外，单词 into 的简写符形是用 in 和 to 两个单词的一方简写符形组合而成。

在单词单独使用、接所有格、接略字号，或是以连字号连接其他词时，都需要使用 36 个单词的一方简写符形和 into 的简写符形。当 37 个单词作为其他单词的构成部分时，不能使用一方简写符形（36 个单词）和二方简写符形（单词 into），只能字母全拼书写或与其他字母组合简写。如：

have ⠓ （单独使用，单词一方简写）

people's ⠏⠄⠎ （接所有格，单词一方简写）

can't ⠉⠄⠞ （接略字号，单词一方简写）

a do-it yourself shop ⠙⠤⠭ （以连字号连接其他词，单词一方简写）

town ⠞⠕⠺⠝ （to 作为其他单词的构成部分，要字母全拼书写）

children ⠉⠓⠊⠇⠙⠗⠑⠝ （child 作为其他单词的构成部分，要字母全拼书写）

书写时，单词 enough、were、his、in、was 的简写符形前后都要正常空方。但当与标点符号连写时，为与标点符号相区别，这 5 个单词不能用简写符形书写，必须使用字母全拼书写。如：

come in, please.

⠉⠕⠍⠑ ⠊⠝⠂ ⠏⠇⠑⠁⠎⠑⠲ （in 与逗号连

写，所以不能用简写符形书写）

书写时，单词 to、into、by 的简写符形与后面的单词或阿拉伯数字的符形连写。如：

go to school ⠛ ⠖⠎⠡⠕⠕⠇ （to 的简写符形与后面的单词符形连写）

by 7 ⠴⠼⠛（by 的简写符形与后面的数字符形连写）

二、字母组合一方简写

字母组合一方简写指用一方盲文符形表示几个字母组合的简写方式。二级英语盲文中有 24 个字母组合用一方简写表示。详见表 5－4。

表 5－4 字母组合的一方简写符形

字母组合	简写符形	字母组合	简写符形
ar	⠜	con	⠒
bb	⠆	dd	⠲
ble	⠼	dis	⠲
cc	⠒	ea	⠂
ch	⠡	ed	⠫
com	⠤	en	⠢

续 表

字母组合	简写符形	字母组合	简写符形
er	⠻	ou	⠳
ff	⠖	ow	⠪
gg	⠶	sh	⠩
gh	⠣	st	⠌
in	⠔	th	⠹
ing	⠬	wh	⠱

24 个一方简写的字母组合中，有 9 个字母组合是用首字母的符形点位下移一行表示，字母组合 ea 是用第 2 个字母的符形点位下移一行表示。24 个字母组合中，由于 ch ⠡、sh ⠩、th ⠹、wh ⠱、ou ⠳和 st ⠌ 6 个字母组合的一方简写符形也是 6 个常用单词(child、shall、this、which、out、still)的简写形式，因此，使用时要区别单词与字母组合。当这 6 个一方符形前后空方时，表示常用单词；与其他字母连写在一起时，表示字母组合。如：

child ⠡　(简写符形单独使用，表示单词 child)

chip ⠡⠊⠏　(简写符形与其他字母连写，表示字母组

合 ch）

out  （简写符形单独使用，表示单词 out）

ounce  （简写符形与其他字母连写，表示字母组合 ou）

字母组合 con、dis 的简写符形只能用在单词的第一个音节上，也能够用在合成词的连写号之后，或者一个单词分做两行书写时在下一行的开头。如果这 2 个字母组合在词首，但不是一个音节，则不能使用简写。如：

concept  （字母组合 con 位于单词的词首，且是一个音节，使用简写符形）

coney  （字母组合 con 位于单词的词首，但不是一个音节，不能使用简写符形）

字母组合 com 的简写符号只能用在单词的词首和一个单词分做两行书写时在下一行的开头。如：

come  （字母组合 com 位于单词的词首，使用简写符形）

become  （字母组合 com 没有位于单词的词首，不使用简写符形）

字母组合 ea、bb、cc、dd、ff、gg 的简写符形，只能用在单词的中间位置，不能用在单词的词首或词尾。如果出现在词首或词尾，需使用字母全拼书写或与其他字母组合书写。如：

beat  （字母组合 ea 位于单词的中间位置，使用

简写符形）

eat ⠑⠁⠞ （字母组合 ea 位于单词的词首，不能使用简写符形）

different ⠙⠊⠖⠻⠢⠞ （字母组合 ff、en 位于单词的中间位置，使用简写符形）

cliff ⠉⠇⠊⠋⠋ （字母组合 ff 位于单词的词尾，不能使用简写符形）

字母组合 ing、ble 的一方简写符形不能用于单词的词首，只能用于单词的中间位置或者词尾，也可以用在一个单词分做两行书写时的开头。如果 ing、ble 出现在词首，ing 写为 ⠔⠛（in 的简写符形加上 g 的符形），ble 按字母全拼书写 ⠃⠇⠑或 bl 的符形加上 e 与其他字母组合的简写符形。如：

working ⠐⠺⠬ （ing 在词尾，用简写符形）

ingredient ⠔⠛⠗⠑⠙⠊⠢⠞ （ing 在词首，用 in 的简写符形加上 g 的符形）

possible ⠏⠕⠎⠎⠊⠼ （ble 在词尾，用简写符形）

blend ⠃⠇⠢⠙ （ble 在词首，用 bl 的符形加上 en 组合简写符形）

尽管 cc ⠒与 con ⠒，dd ⠲与 dis ⠲的简写符形相同，但字母组合 con、dis 的简写符形只能用在单词的词首，cc、dd 只能用在单词的中间位置，不能用在单词的词首，两者在单词中的位置不同，所以不会造成混淆。如：

<u>con</u>tact ⠒⠞⠁⠉⠞ （简写符形在词首，只能是字母组合 con）

ac<u>c</u>ept ⠁⠒⠑⠏⠞ （简写符形在词的中间位置，只能是字母组合 cc）

economy ⠑⠉⠕⠝⠕⠍⠽ （字母组合 con 在词的中间位置，不能简写）

如果一个单词内相邻的字母可以同时构成 ea、bb、cc、dd、ff、gg、ar、ble、ch、ed、of、for 等字母组合，那么其组合的优先顺序如下：

ar 优先于 ea，如 de<u>ar</u> ⠙⠑⠜

ble 优先于 bb，如 bub<u>ble</u> ⠃⠥⠃⠼

ch 优先于 cc，如 bac<u>ch</u>anal ⠃⠁⠉⠡⠁⠝⠁⠇

ed 优先于 dd，如 p<u>ed</u>dle ⠏⠫⠙⠇⠑

of 优先于 ff，如 <u>of</u>fice ⠷⠋⠊⠉⠑

for 优先于 ff，如 ef<u>for</u>t ⠑⠋⠿⠞

三、单词兼字母组合一方简写

单词兼字母组合一方简写指用一方盲文符形表示既是单词也是字母组合的简写方式。英语二级盲文中有 6 个既是单词也是字母组合用一方符形表示。详见表 5－5。

表 5－5　单词兼字母组合的一方简写符形

整词兼字母组合	简写符形
and	⠯
be	⠆
for	⠿
of	⠷
the	⠮
with	⠾

6 个一方简写符形可以用来表示 6 个常用单词，也可以作为构成部分用在其他单词中，表示 6 个对应的字母组合。表示单词时，一方简写符形前后空方；表示字母组合时，与其他字母符形连写。如：

for ⠿　（简写符形单独使用，表示单词 for）

form ⠿⠍　（简写符形与字母 m 符形连写，表示单词 form）

the ⠮　（简写符形单独使用，表示单词 the）

theme ⠮⠍⠑　（简写符形与字母 m、e 符形连写，表示单词 theme）

字母组合 be 的简写符形只能用在单词的词首，也能够用在合成词的连写号之后，或者一个单词分做两行书写时在下一行的开头。注意，字母组合 be ⠆ 与 bb ⠆ 的简写符形相同，但字母组合 bb ⠆ 只能用在单词的中间位置，不能用在单词的词首，两者在单词中的位置不同，所以不会造成混淆。如：

bear ⠆⠜ （简写符形⠆在词首，是字母组合 be）

will-be ⠺⠤⠆（字母组合 be 在合成词的连写号之后，应一方简写）

rabbit ⠗⠁⠆⠊⠞ （简写符形⠆在词中间位置，是字母组合 bb）

当 a、and、for、of、the、with 作为单词，有两个或以上连续出现时，要连写在一起，彼此间不空方。如果它们之间有标点符号或字体记号时，不能连写，要正常空方书写。如：

of the man ⠷⠮ ⠍⠁⠝ （单词 of、the 连续出现，两词的简写符形连写在一起）

and, a man ⠯⠂ ⠁ ⠍⠁⠝ （单词 and 和 a 之间有逗号，两词的简写符形不能连写，要正常空方书写）

四、字母组合的尾字母前加标记简写

字母组合的尾字母前加标记简写指在字母组合中的最后一个字母符形前加一方标记符形来表示字母组合的简写方式。英语二级盲文中有 14 个字母组合用尾字母前加标记简写表示。详见表 5－6。

表 5-6　字母组合的尾字母前加标记简写

字母组合	简写符形	字母组合	简写符形
ound	⠨⠙	ence	⠰⠑
ance	⠨⠑	ong	⠰⠛
sion	⠨⠝	ful	⠰⠇
less	⠨⠎	tion	⠰⠝
ount	⠨⠞	ness	⠰⠎
ation	⠠⠝	ment	⠰⠞
ally	⠠⠽	ity	⠰⠽

14 个尾字母前加标记简写的字母组合中，5 个是加第 4、6 点符形标记，2 个加第 6 点符形标记，7 个是加第 5、6 点符形标记。14 个字母组合的简写符形不能作为单词独立使用，只能作为单词的构成部分，且只能位于单词中的中间位置或词尾，不能用于词首。这些符形前面也不可与连字号、所有格或省略号相连。如果出现了这些情况，需使用字母全拼书写或与其他字母组合书写。如：

ally ⠁⠇⠇⠽ （字母组合单独成词，不能简写，需字母全拼书写）

allyn ⠁⠇⠇⠽⠝ （字母组合位于词首，不能简写，需

字母全拼书写）

rally ⠗⠠⠽ （字母组合位于词尾，需要简写）

ness ⠝⠑⠎⠎ （字母组合单独成词，不能简写，需字母全拼书写）

nessie ⠝⠑⠎⠎⠊⠑ （字母组合位于词首，不能简写，需字母全拼书写）

goodness ⠛⠙⠰⠎ （字母组合位于词尾，需要简写）

因需要词性变化而加上字母 y、ly，使原单词中出现 ity、ally 字母组合，但这种情况下的 ity、ally 字母组合不能使用尾字母前加标记简写。如：

fruity ⠋⠗⠥⠊⠞⠽ （fruit 加 y 形成字母组合 ity，原词性发生了变化，因此 ity 不能简写）

ironically ⠊⠗⠕⠝⠊⠉⠁⠇⠇⠽ （ironical 加 ly 形成字母组合 ally，原词性发生了变化，因此 ally 不能简写）

五、字母组合兼单词的首字母前加标记简写

字母组合兼单词的首字母前加标记简写指在字母组合或单词中的第一个字母符形或字母组合符形前加一方标记符形来表示字母组合或单词的简写方式。英语二级盲文中有 33 个字母组合兼单词用首字母前加标记简写表示。详见表 5－7。

表 5-7　字母组合兼单词的首字母前加标记简写

字母兼词	简写符形	字母兼词	简写符形	字母兼词	简写符形
day	⠐⠙	right	⠐⠗	upon	⠘⠥
ever	⠐⠑	some	⠐⠎	word	⠘⠺
father	⠐⠋	time	⠐⠞	these	⠘⠮
here	⠐⠓	under	⠐⠥	those	⠘⠹
know	⠐⠅	work	⠐⠺	whose	⠘⠱
lord	⠐⠇	young	⠐⠽	cannot	⠸⠉
mother	⠐⠍	there	⠐⠮	had	⠸⠓
name	⠐⠝	character	⠐⠡	many	⠸⠍
one	⠐⠕	through	⠐⠹	spirit	⠸⠎
part	⠐⠏	where	⠐⠱	world	⠸⠺
question	⠐⠟	ought	⠐⠳	their	⠸⠮

33 个首字母前加标记简写的字母组合兼单词中，22 个是加第 5 点符形标记，5 个是加第 4、5 点符形标记，6 个是加第 4、5、6 点符形标记。there、character、through、where、ought、

these、those、whose、their 这 9 个字母组合兼单词是在第一个字母组合符形前加一方标记符形来简写，其余 24 个是在第一个字母符形前加一方标记符形来简写。

33 个简写符形可以作为单词单独使用，也可以在保持发音不变的情况下作为构成部分用在其他单词中，表示对应的字母组合。表示单词时，简写符形前后空方；表示字母组合时，与其他字母符形连写，且在单词中的位置没有限制。如：

day ⠐⠙ （day 单独成词，使用简写符形）

sunday ⠎⠥⠝⠐⠙ （day 与其他字母连写，发音没变，使用简写符形）

part ⠐⠏ （part 单独成词，使用简写符形）

partner ⠐⠏⠝⠻ （part 与其他字母连写，发音没变，使用简写符形）

one ⠐⠕ （one 单独成词，使用简写符形）

honest ⠓⠕⠝⠑⠌ （one 与其他字母连写，发音改变，不使用简写符形）

六、原词缩写

原词缩写是用单词中的几个字母及字母组合的符形表示整个单词的简写方式。英语二级盲文中有 76 单词用原词缩写表示。详见表 5－8。

表 5 - 8　单词缩写

单词	单词缩写	缩写符形
about	ab	⠁⠃
above	abv	⠁⠃⠧
according	ac	⠁⠉
across	acr	⠁⠉⠗
after	af	⠁⠋
afternoon	afn	⠁⠋⠝
afterwards	afw	⠁⠋⠺
again	ag	⠁⠛
against	agst	⠁⠛⠌
almost	alm	⠁⠇⠍
already	alr	⠁⠇⠗
also	al	⠁⠇
although	alth	⠁⠇⠹
altogether	alt	⠁⠇⠞

续 表

单词	单词缩写	缩写符形
always	alw	⠁⠇⠺
because	bec	⠆⠉
before	bcf	⠆⠋
behind	beh	⠆⠓
below	bel	⠆⠇
beneath	ben	⠆⠝
beside	bes	⠆⠎
between	bet	⠆⠞
beyond	bey	⠆⠽
blind	bl	⠆⠇
braille	brl	⠃⠗⠇
children	chn	⠡⠝
conceive	concv	⠒⠉⠧
conceiving	concvg	⠒⠉⠧⠛

续 表

单词	单词缩写	缩写符形
could	cd	⠉⠙
deceive	dcv	⠙⠉⠧
deceiving	dcvg	⠙⠉⠧⠛
declare	dcl	⠙⠉⠇
declaring	dclg	⠙⠉⠇⠛
either	ei	⠑⠊
first	fst	⠋⠌
friend	fr	⠋⠗
good	gd	⠛⠙
great	grt	⠛⠗⠞
herself	herf	⠓⠻⠋
him	hm	⠓⠍
himself	hmf	⠓⠍⠋
immediate	imm	⠊⠍⠍

续　表

单词	单词缩写	缩写符形
its	xs	⠭⠎
itself	xf	⠭⠋
letter	lr	⠇⠗
little	ll	⠇⠇
much	mch	⠍⠡
must	mst	⠍⠌
myself	myf	⠍⠽⠋
necessary	nec	⠝⠑⠉
neither	nei	⠝⠑⠊
o'clock	o'c	⠕⠄⠉
oneself	onef	⠐⠕⠋
ourselves	ourvs	⠳⠗⠧⠎
paid	pd	⠏⠙
perceive	percv	⠏⠻⠉⠧

续　表

单词	单词缩写	缩写符形
perceiving	percvg	⠏⠻⠉⠧⠛
perhaps	perh	⠏⠻
quick	qk	⠟⠅
receive	rcv	⠗⠉⠧
receiving	rcvg	⠗⠉⠧⠛
rejoice	rjc	⠗⠚⠉
rejoicing	rjcg	⠗⠚⠉⠛
said	sd	⠎⠙
should	shd	⠩⠙
such	sch	⠎⠡
themselves	themvs	⠮⠍⠧⠎
thyself	thyf	⠹⠽⠋
today	td	⠞⠙
together	tgr	⠞⠛⠚

续 表

单词	单词缩写	缩写符形
tomorrow	tm	⠞⠍
tonight	tn	⠞⠝
would	wd	⠺⠙
your	yr	⠽⠗
yourself	yrf	⠽⠗⠋
yourselves	yrvs	⠽⠗⠧⠎

76 个缩写词中,74 个是用单词中的字母进行缩写,但 its 和 itself 用到了单词中没有的字母 x 与单词中的字母进行组合缩写 xs ⠭⠎和 xf ⠭⠋。缩写词中,有一些词的原形及 ing 形式,如 receive 和 receiving;rejoice 和 rejoicing。这些词的 ing 形式在简写时,不是使用 ing 的简写符形⠬,而是在原形简写符形上加了一个 g 的符形⠛。

在原词意不变的前提下,缩写词可以作为字母组合进行简写用在另一个单词中。如果词意发生了改变,则不能进行缩写,需使用字母全拼书写或与其他字母组合书写。如:

letterhead ⠇⠗⠓⠂⠙ (词中 letter 原词意未变,使用简写符形)

Coletter ⠠⠉⠕⠇⠑⠞⠞⠻ (词中 letter 原词意改

变，不能使用简写符形，lett 字母拼写，er 字母组合简写）

shouldn't ⠩⠙⠝⠄⠞ （词中 should 原词意未变，使用简写符形）

shoulder ⠩⠳⠇⠙⠻ （词中 should 原词意改变，不能使用简写符形，sh、ou 字母组合简写，l、d 字母拼写）

mustn't ⠍⠌⠝⠄⠞ （词中 must 原词意未变，使用简写符形）

mustard ⠍⠥⠌⠜⠙ （词中 must 原词意改变，不能使用简写符形，m、u 字母拼写，st 字母组合简写）

七、简写时的特殊规定

1. 如果一个单词内存在几种不同的字母组合可以简写或缩写时，应使用包含字母多的字母组合的简写符形，并且要使用含上层的符形。如：

greater 写为 greatness ⠛⠗⠞⠰⠎，不可写为 greatness ⠛⠗⠂⠞⠰⠎

2. 复合词的两部分的结合部位、前缀和词根之间的结合部位的字母组合不能使用简写。如：

shorthand 中的 t、h 分属于复合词的两部分 short 和 hand，所以不能使用 th 的简写符形。

dishonest 中的 s、h 分属于前缀 dis 和词根 honest，所以不能使用 sh 的简写符形。

学习建议

学习英语盲文时，通常按照先一级盲文，后二级盲文的顺序学习。由于一级盲文基本上是对英语单词字母的直接转换，因此学习者掌握了26个字母符形后，一级盲文就大部分掌握了。可见，一级盲文的学习相对容易。在掌握一级盲文的基础上，可以开始二级盲文的学习。二级盲文较为复杂，学习者需要识记近200个单词和字母组合的简写符形，还需要记忆和理解一些简写符形的书写规则和要求，总的记忆和理解任务量很大，需要花费较多的时间和精力。在二级盲文的学习过程中，可以先从较为简单的一方简写单词入手。这些单词使用频率较高、数量不多，单词本身及简写符形相对简单，简写符形的书写规则和要求也相对简单，因此学习起来相对容易。一方简写单词掌握后，接下来可以学习24个一方简写字母组合，以及6个一方简写单词兼字母组合。前面三个内容完成后，再逐步学习后面较为复杂的内容。

学习英语盲文与学习汉语盲文一样，同样需要大量的书写练习。学习过程中，需要将符形记忆、规则理解与书写应用结合起来，在书写应用中加强记忆和理解，从而实现对英语盲文的良好掌握。

课后习题

1. 用英语一级盲文译写下面一段英语明文。

Braille is a system of raised dots that can be read with the fingers by people who are blind or who have low vision. Teachers, parents, and others who are not visually impaired ordinarily read braille with their eyes. Braille is not a language. Rather, it is a code by which many languages may be written and read. Braille is used by thousands of people all over the world in their native languages, and provides a means of literacy for all.

2. 将下面一段英语一级盲文译写为英语明文。

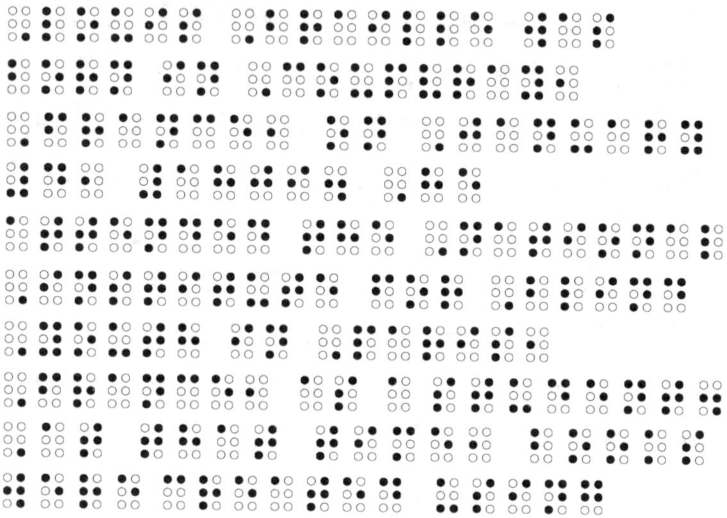

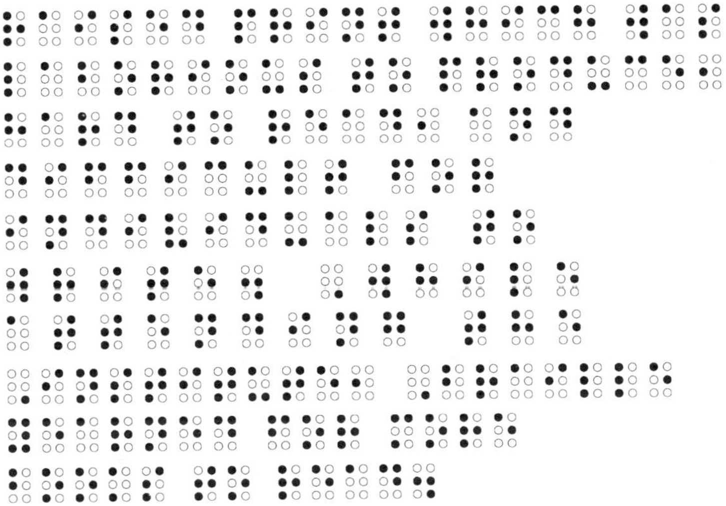

3. 用英语二级盲文译写下面一段英语明文。

When every letter of every word is expressed in braille, it is referred to as uncontracted braille. Some books for young children are written in uncontracted braille although it is less widely used for reading material meant for adults. However, many newly blinded adults find uncontracted braille useful for labeling personal or kitchen items when they are first learning braille.

4. 将下面一段英语二级盲文译写为英语明文。

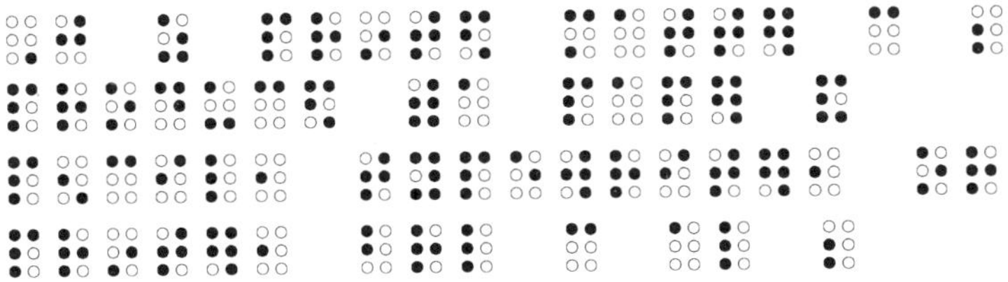

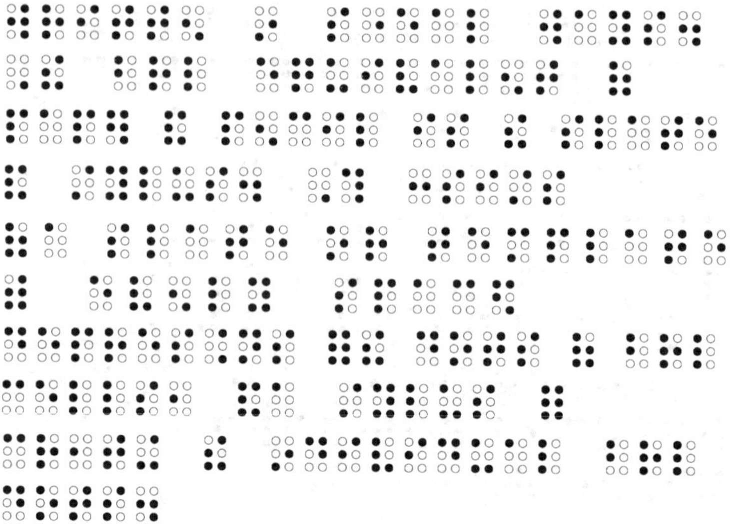

参考文献

[1] 国家技术监督局.GB/T15720—2008 中国盲文[S].北京:中国标准出版社,2008.

[2] 郭卫东.基督教新教传教士与中国盲文体系的演进[J].近代史研究,2006(2):110-124.

[3] 郭卫东.中国近代特殊教育史研究[M].北京:高等教育出版社,2012.

[4] 琚四化,鲁明辉,张居晓,等.汉语盲文分词连写规则的研究进展与展望.中国特殊教育[J].2019(3):37-40.

[5] 滕伟民,李伟洪.中国盲文(第 2 版)[M].北京:华夏出版社,1996.

[6] 张福娟,马红英,杜晓新.特殊教育史[M].上海:华东师范大学出版社,2000.

[7] 钟经华.盲文[M].天津:天津教育出版社,2007.

[8] 钟经华.盲文应用的现实困境与思考[J].现代特殊教育,2016(7):27-28.

[9] 钟经华.国家通用盲文方案研究[J].中国特殊教育,2018(6):42-46.

[11] Bullock J D . The Story of Louis Braille[J].

Archives of Ophthalmology，2009(11)：1532－1533.

[12] Frances Andrea. A History of Instructional Methods in Uncontracted and Contracted Braille [J]. Journal of Visual Impairment & Blindness，2009(October－November)：585－594.

[13] Moore J E. 100 Years of Trends and Issues in Employment，Rehabilitation，and Legislation[J]. Journal of Visual Impairment & Blindness，2006(8)：453－458.